W0342351

KNAUR.LEBEN

Von Ulrich Ott sind bereits folgende Titel erschienen:
Yoga für Skeptiker
Gesund durch Atmen

Über den Autor:
Dr. Ulrich Ott ist Diplom-Psychologe und erforscht seit über zwanzig Jahren an der Universität Gießen veränderte Bewusstseinszustände und Meditation. Sein Forschungsschwerpunkt sind Effekte von Meditation auf die Funktion und Struktur des Gehirns, die er am Bender Institute of Neuroimaging (BION) mittels Magnetresonanztomographie untersucht. Außerdem lehrt er im Fachbereich Psychologie Yoga und Meditation.
www.uni-giessen.de/cms/ott

Ulrich Ott

MEDITATION FÜR SKEPTIKER

Ein Neurowissenschaftler erklärt
den Weg zum Selbst

KNAUR.LEBEN

Besuchen Sie uns im Internet:
www.knaur-leben.de

FSC
www.fsc.org
MIX
Papier aus verantwortungsvollen Quellen
FSC® C083411

Vollständige Taschenbuchausgabe Mai 2019
Knaur Taschenbuch

Beide Verlage sind Imprints der Verlagsgruppe
Droemer Knaur GmbH & Co. KG, München

Covergestaltung: ZERO Werbeagentur, München
Satz: Daniela Schulz, Rheda-Wiedenbrück
Druck und Bindung: CPI books GmbH, Leck
ISBN 978-3-426-87845-3

2 4 5 3 1

Für Makrina, Christos und Zoe

INHALTSVERZEICHNIS

VORWORT

Meditation wird oft dem Bereich der Religion und Esoterik zugeordnet, was bei skeptischen Zeitgenossen leicht zu einer ablehnenden Haltung führen kann. Meditation stammt aus dem religiösen Bereich und ist tatsächlich oft eingebettet in Rituale und Glaubenssätze, die nicht kritisch hinterfragt und begründet werden. Eine nüchterne Abwägung der Vor- und Nachteile möglicher Vorgehensweisen ist nur selten anzutreffen, weil die Richtungen oder Schulen in der Regel auf überlieferte Techniken festgelegt sind.

In dem vorliegenden Buch wird Meditation gänzlich ohne dogmatisches Beiwerk dargestellt. Stattdessen wird eine moderne, aufgeklärte Sichtweise vertreten, die auf einer wissenschaftlichen Grundhaltung beruht. Das Buch soll gleichermaßen theoretisches Hintergrundwissen vermitteln wie Anleitung geben, um praktische Erfahrungen zu machen. Sie als Leser werden eingeladen, Meditation als Werkzeug der Selbsterforschung, Selbstregulation und Selbsterkenntnis für sich zu nutzen.

Theorie und Praxis sind dabei stets aufeinander bezogen, d.h., der Vorstellung von Forschungsergebnissen folgt jeweils ein Praxisteil mit konkreten Übungsanweisungen. Die beschriebenen Meditationstechniken sind Methoden, die Sie anwenden können, um Ihr eigenes Bewusstsein – die Gesamtheit Ihrer subjektiven Erfahrungen in Form von Empfindungen, Gefühlen, Wahrnehmungen, Gedanken, Vorstellungen etc. – zu erkunden und zu verändern.

Dank moderner neurowissenschaftlicher Verfahren können wir heute Wirkungen von Meditationsübungen auf die Aktivität und Struktur des Gehirns objektiv untersuchen und nachweisen. Diese Forschung demonstriert eindrucksvoll die Plastizität der neuronalen Schaltkreise, die unser Bewusstsein bestimmen und zugleich durch das verändert werden, was wir tun. Die traditionellen Meditationsschulen haben über Jahrhunderte hinweg Wissen über das Potential des Menschen gesammelt, sich mit Hilfe geistiger Übungen zu klären und zu tiefer Selbsterkenntnis zu gelangen.

Dieses Buch versteht sich als ein Beitrag, dieses Wissen für jene nutzbar zu machen, die ein Bedürfnis nach Bewusstseinserweiterung verspüren, sich aber keiner religiösen Tradition anschließen, sondern autonom und selbstbestimmt Erfahrungen sammeln möchten. Jedem Leser, der sich auf diesen Weg begibt, wünsche ich viel Erfolg!

Ich danke allen Menschen, die mir auf meinem eigenen Weg zu Lehrern wurden, allen voran meiner Ehefrau und meinen beiden Kindern. In der Begegnung und Auseinandersetzung mit den nächsten Menschen zeigt sich am deutlichsten die Qualität der Veränderungen durch Meditation. Meinen Lehrern Leland Johnson *(Integrative Gestalt-Körperarbeit)* und Sai Avatar Mahindra *(Yoga)* danke ich dafür, dass sie mir die Augen geöffnet haben für eine Realität jenseits des Alltäglichen und für die geistige Freiheit, die entsteht, wenn die Spiele des Egos durchschaut werden. Meinen Diplomanden und Studenten danke ich für ihre Begeisterung und ihr Engagement bei der wissenschaftlichen und spirituellen Suche nach neuen Erkenntnissen. Mein Arbeitsumfeld an der Universität Gießen bietet mir die einzigartige Gelegenheit, Meditation mit modernsten Methoden zu erforschen. Ich danke dem Direktor des Bender Institute of Neuroimaging, Prof. Dieter Vaitl, und meinen Kollegen für die aktive Unterstützung meiner Arbeit auf diesem ungewöhnlichen Forschungsfeld. Zu guter Letzt danke ich Herrn Andreas Klaus vom O.W. Barth Verlag, dass er mich dazu bewegte, die bisher gewonnenen Erkenntnisse in Form eines Buches der breiteren Öffentlichkeit zugänglich zu machen. Dieses Unternehmen neben Beruf und Familie zu bewältigen war nicht einfach – umso mehr freue ich mich, jetzt wieder mehr Zeit für die eigene Meditationspraxis zu haben!

Wiesbaden, April 2010 Ulrich Ott

EINFÜHRUNG

In diesem Buch geht es um Ihr Bewusstsein. Es geht darum, wie Sie mit Meditation Ihr Bewusstsein selbst erforschen und verändern können. In diesem Einführungskapitel erhalten Sie einen Überblick über die Bewusstseinsveränderungen durch Meditation, über die Voraussetzungen der Meditationspraxis und über die weiteren Kapitel des Buches, in denen verschiedene Meditationstechniken vorgestellt werden. Außerdem erhalten Sie einen Eindruck davon, in welchem Stil dieses Buch geschrieben ist und worauf es basiert: auf wissenschaftlichen Befunden, rationalen Überlegungen und einem offenen Forschergeist.

Bewusstseinsveränderungen durch Meditation

Ihr gegenwärtiges Bewusstsein ist das Ergebnis einer biologischen, kulturellen und individuellen Entwicklung. Sie sehen diesen Text mit Augen (oder hören ihn mit Ohren), die sich über einen sehr langen Zeitraum biologischer Evolution entwickelt haben. Das Lesen von Texten ist eine Kulturtechnik, die Ihnen als Mitglied einer zivilisierten Gesellschaft schon früh vermittelt wurde. So früh, dass Sie diese Sätze vermutlich mühelos lesen können und Ihnen kaum mehr bewusst ist, wie Sie dabei die Augen über die Zeilen gleiten lassen und innerlich die Worte sprechen und hören können, deren Bedeutung Sie entschlüsseln.

Die individuelle Entwicklung von der befruchteten Eizelle zu dem menschlichen Organismus, der Sie in diesem Augenblick sind, ist in ganz erheblichem Ausmaß von biologischen und kulturellen Einflüssen bestimmt. Dennoch entscheiden im Laufe dieser Entwicklung zunehmend Sie selbst über die Aktivitäten und Inhalte Ihres Bewusstseins. Das Ausmaß Ihrer persönlichen Freiheit und Selbstbestimmung hängt davon ab, wie bewusst Sie sind. Ein Großteil unseres alltäglichen Verhaltens erfolgt nahezu automatisch und damit weitgehend unbewusst. Wir reagieren auf sich wiederholende Bedürfniszustände und Situationen mit angelegten und erlernten Verhaltensweisen. Meditation dient dazu, das Bewusstsein zu erweitern und sich von eingefahrenen Denkmustern und Verhaltensweisen zu lösen.

Die Bewusstseinserweiterung durch Meditation umfasst die erweiterte Wahrnehmung körperlicher und geistiger Prozesse sowie das erweiterte Vermögen, diese Prozesse zu verändern. Wenn Sie sich z.B. Ihre gegenwärtige Körperhaltung bewusst machen, können Sie feststellen, wie aufrecht und wie entspannt Sie sind, ob Ihre Haltung bequem ist oder nicht, und sie gegebenenfalls verändern. Dieser Bewusstwerdungs- und Veränderungsprozess lässt sich ebenso auf körperliche Erregungszustände, emotionale Reaktionsmuster und das Denken anwenden. Außerdem können im Zuge der Meditationspraxis außergewöhnliche Bewusstseinszustände auftreten, die eine neue Sicht der Realität und der eigenen Identität eröffnen.

Eine wissenschaftliche Untersuchung von Harald Piron (2003) ergab, dass sich die Erfahrungen von Meditierenden tatsächlich entlang einer Tiefendimension entfalten. Er untersuchte klassische Texte buddhistischer, christlicher, hinduistischer und daoistischer Traditionen, die eine Abfolge von Stufen zunehmender Vertiefung im Verlauf der Meditationspraxis beschreiben. Anschließend bat er vierzig Meditationslehrer und -lehrerinnen, eine Reihe typischer Erfahrungen hinsichtlich ihrer jeweiligen Tiefe einzustufen. Bei den Befragten handelte es sich um autorisierte Lehrende verschiedener Traditionen mit mindestens zwanzig Jahren eigener Praxis und zehn Jahren Lehrtätigkeit. Die Urteile dieser Experten zeigten ein sehr hohes Maß an Übereinstimmung, so dass die Erfahrungen fünf Bereichen unterschiedlicher Tiefe zugeordnet werden konnten:

1. Hindernisse: Unruhe, Langeweile, Motivations-/Konzentrationsprobleme
2. Entspannung: Wohlbefinden, ruhige Atmung, wachsende Geduld, Ruhe
3. Konzentration: Achtsamkeit, kein Anhaften an Gedanken, innere Mitte, Energiefeld, Leichtigkeit, Einsichten, Gleichmut, Frieden
4. Essentielle Qualitäten: Klarheit, Wachheit, Liebe, Hingabe, Verbundenheit, Demut, Gnade, Dankbarkeit, Selbstakzeptanz
5. Nicht-Dualität: Gedankenstille, Einssein, Leerheit, Grenzenlosigkeit, Transzendenz von Subjekt und Objekt

Diese fünf Tiefenbereiche liefern eine grobe Landkarte der potentiellen Bewusstseinsveränderungen durch Meditation. Nehmen Sie sich einen Moment Zeit und gehen Sie die Liste der Begriffe einzeln durch, um für sich selbst zu klären, welche der beschriebenen Erfahrungen Sie persönlich wertschätzen und anstreben. Vielleicht möchten Sie jene Erfahrungen, die Ihnen am erstrebenswertesten erscheinen, unterstreichen oder auf einem gesonderten Blatt aufschreiben?

Sich die eigene Motivation bewusst zu machen, ist ein wichtiger Schritt bei der Aufnahme der Meditationspraxis. Aber Vorsicht: Die Fixierung auf ein Ziel kann leicht zum Hindernis werden, wenn Sie beispielsweise ungeduldig darauf warten, wann sich denn nun endlich die Ruhe einstellt! Nicht umsonst sind am Anfang die typischen Hindernisse aufgeführt, mit denen die meisten Meditationsanfänger – und auch viele Fortgeschrittene – immer wieder zu kämpfen haben. Um die Frustration möglichst gering zu halten, erfahren Sie auf den folgenden Seiten, welche Faktoren den Erfolg der Meditation beeinflussen, damit Sie optimale Voraussetzungen für die eigene Praxis schaffen können.

Voraussetzungen der Meditationspraxis

Eine erste wichtige Voraussetzung haben Sie bereits geschaffen, wenn Sie Ihre Motivation zum Meditieren geklärt haben. Möchten Sie sich in erster Linie entspannen, Ihre Konzentrationsfähigkeit verbessern, positive Emotionen entwickeln oder die Natur der Wirklichkeit ergründen? All dies können Sie durch die Übung verschiedener Meditationstechniken erreichen. Unabhängig von der jeweiligen Zielsetzung und eingesetzten Methode sollten Sie jedoch einige allgemeine Hinweise beachten, um gut meditieren zu können.

Insbesondere zu Beginn der Meditationspraxis ist es hilfreich, wenn Sie sich in einer ruhigen Umgebung befinden und nicht unter Zeitdruck stehen. Mit etwas Erfahrung wird es Ihnen später auch möglich sein, unter schwierigeren Bedingungen, beispielsweise während einer Fahrt in der Straßenbahn, zu meditieren. Günstige Bedingungen herrschen oft an den traditionellen Orten der inneren Einkehr, in Tempeln, Kirchen und Klöstern. Eine Atmosphäre der Ruhe und Besinnung finden Sie möglicherweise auch an schönen Orten in der Natur, auf Bergen, an Gewässern oder im Wald.

In der Regel werden Sie sich jedoch vermutlich nicht

eigens an einen solchen Ort begeben, sondern sich zu Hause befinden. Das hat den Vorteil, dass sich Ihre innere Erfahrung ungestört entfalten kann und nicht durch einen religiösen Kontext überlagert wird. An öffentlich zugänglichen Orten und in der freien Natur können außerdem Störfaktoren wirksam werden, die Sie nicht beeinflussen können, wie zum Beispiel andere Besucher, lästige Insekten und widrige Wetterbedingungen. Suchen Sie sich also einen Platz in Ihrem Zuhause, wo Sie möglichst ungestört sind.

Treffen Sie Vorkehrungen, die verhindern, dass Sie abrupt aus der Meditation herausgerissen werden. Schalten Sie, wenn möglich, die Klingel und Telefone ab, und weisen Sie gegebenenfalls Mitbewohner darauf hin, dass Sie für einen bestimmten Zeitraum nicht gestört werden möchten. Ein Hinweis an der Tür kann als Erinnerungshilfe nützlich sein, insbesondere wenn sich Kinder in der Wohnung aufhalten. Auf diese Weise schaffen Sie einen geschützten Raum für die Erforschung Ihrer Innenwelt, ähnlich den standardisierten Rahmenbedingungen in einem wissenschaftlichen Labor.

Probieren Sie die zur Verfügung stehenden Zimmer aus, und entscheiden Sie sich dann für einen Platz, den Sie für die Meditation nutzen möchten. Sie sollten sich dort wohl fühlen und vor direkter Sonneneinstrahlung geschützt sein. Auf Hilfsmittel zur Einnahme einer optimalen Körperhaltung wird im nächsten Kapitel eingegangen.

Durch wiederholtes Meditieren am gleichen Ort entsteht eine Verknüpfung mit dem meditativen Zustand. Sie werden bemerken, dass auch hier die Bildung von Gewohnheiten wirksam wird und Sie sich automatisch auf Meditation einstimmen, wenn Sie sich an diesen Platz begeben. Dieser Effekt unterstützt Sie zu Beginn in Ihrer Praxis – später können Sie bewusst andere, ungewohnte

Orte wählen und jede Art von Handlung als meditative Übung gestalten.

Die dritte Voraussetzung der Meditationspraxis neben der Motivation und der Wahl eines Ortes besteht darin, dass Sie einen geeigneten Zeitraum finden. Wann und wie lange möchten Sie üben?

In vielen Meditationsbüchern ist zu lesen, dass die Morgenstunden und die Abendstunden vor dem Schlafengehen sich besonders gut für die Meditation eignen würden. Empirische Untersuchungen zum Einfluss der Tageszeit auf die Qualität der Meditation existieren meines Wissens nicht. Sie selbst wissen am besten, wann Sie in der Lage sind, sich zu konzentrieren, ob Sie eher ein Frühaufsteher sind oder ein Morgenmuffel, der erst in der zweiten Tageshälfte richtig munter wird. Wählen Sie einen Zeitpunkt, an dem Sie wach und ausgeschlafen sind. Ansonsten besteht ein erhöhtes Risiko, dass Sie in der Meditation dösen oder sogar einnicken.

Aus diesem Grund ist es auch empfehlenswert, nicht nach schweren Mahlzeiten zu üben. Wählen Sie also einen Zeitpunkt vor dem Frühstück, Mittag- oder Abendessen, oder nehmen Sie nur eine leichte Mahlzeit zu sich und lassen Sie eine Weile verstreichen, bevor Sie mit der Meditation beginnen. Verzichten Sie vor der Meditation insbesondere auf alkoholische oder aufputschende Getränke, die Ihr Bewusstsein trüben oder Sie in Unruhe versetzen könnten.

Wenn Sie unter chronischem Zeitmangel leiden und es Ihnen schwerfällt, im hektischen Arbeitsalltag eine Auszeit für die Meditationspraxis zu nehmen, dann machen Sie Ihre ersten Versuche am besten in der Freizeit am Abend oder am Wochenende. Die Dauer der Übung hängt vor allem davon ab, welche Wirkungen Sie anstreben. Eine entspannende Wirkung stellt sich häufig schon nach wenigen Minuten ein. Tiefergehende Veränderungen des Bewusstseins erfordern demgegenüber gewöhnlich eine längere Zeitspanne. Konkrete Angaben zur empfohlenen Übungsdauer finden Sie am Ende des Kapitels zum Atmen.

Überblick über die weiteren Kapitel

In den nachfolgenden Kapiteln werden verschiedene Meditationstechniken vorgestellt, die aufeinander aufbauen und Sie schrittweise zu tiefen Bewusstseinsveränderungen hinführen. Zunächst ist es erforderlich, dass Sie eine Körperhaltung finden, die Sie für längere Zeit bewegungslos einnehmen können. Das nachfolgende Kapitel stellt eine Reihe möglicher Haltungen vor und unterstützt Sie dabei, herauszufinden, welche dieser Haltungen für Sie am besten geeignet ist.

Nachdem Sie eine optimale Körperhaltung gefunden haben, erhalten Sie im darauffolgenden Kapitel eine Einführung in Meditationstechniken, die die Atmung als Meditationsobjekt verwenden. Ziel dieser Techniken ist es einerseits, das Erregungsniveau auf körperlicher Ebene zu senken (Entspannung), und anderseits, einen Zustand wacher, gegenwärtiger Aufmerksamkeit herzustellen und aufrechtzuerhalten (Konzentration, Achtsamkeit). Eine erweiterte Bewusstheit der Atmung ist im Alltag von großem Nutzen, um Stresszustände zu erkennen und unnötige Spannungen abzubauen. Mit einer achtsamen Atmung können Sie lernen, Ihr inneres Befinden besser wahrzunehmen und in Richtung Ruhe und Gelassenheit zu verändern.

Das anschließende Kapitel »Fühlen« nimmt als Ausgangspunkt körperliche Empfindungen, die eng mit emotionalen Reaktionen verknüpft sind. In der Alltagssprache findet dieser Umstand seinen Niederschlag, wenn wir von der »Wut im Bauch« sprechen, der »Angst im Nacken« oder von Empfindungen der Trauer, Liebe und Freude in unserem Herzen. Indem Sie mit Ihrer Aufmerksamkeit systematisch durch den Körper wandern (die englische Bezeichnung dieser Technik lautet *body scan*), können Sie wahrnehmen, wo in Ihrem Körper chronische Verspannungen sitzen, und diese lösen. Aufsteigenden Emotionen und Erinnerungen begegnen Sie dabei mit einer Haltung der Akzeptanz und des Gleichmuts.

Dieser emotionale Klärungsprozess ist die Voraussetzung für weiterführende Übungen in diesem Kapitel, die darauf abzielen, sich selbst und seiner Umwelt gegenüber eine positive Haltung zu entwickeln, die gekennzeichnet ist durch liebevolle Güte und Mitgefühl. Die Wirkung dieser Übungen zeigt sich im Alltag in einem veränderten Verhalten in Situationen, in denen Sie zuvor mit Ablehnung und Ärger sich selbst oder anderen gegenüber reagiert haben. Sobald Ihnen automatische negative Reaktionsmuster in bestimmten Situationen bewusst werden, nimmt Ihre Freiheit zu, sich für alternative Bewertungen und Verhaltensweisen zu entscheiden, die geprägt sind von Wohlwollen, Humor und Kreativität.

Neben Empfindungen und Gefühlen bilden Gedanken und Vorstellungen einen großen Anteil unserer Bewusstseinsinhalte. Im Kapitel »Denken« wird dieses stete innere Geschehen, der sogenannte Bewusstseinsstrom selbst zum Objekt der Betrachtung. Sie lernen, den fortwährenden inneren Dialog distanziert zu beobachten, der sich mit vergangenen Ereignissen, aktuellen Problemen oder zukünftigen Situationen beschäftigt. Wie stark sind Sie mit Ihren Gedanken identifiziert? Können Sie den Denkapparat anhalten, wenn er ständig um dieselben Themen kreist? Auch hier besteht die Möglichkeit, Meditationstechniken einzusetzen, um nutzlose oder gar schädliche Denkmuster zu erkennen und zu verändern.

Ideen und Vorstellungen über die eigene Person, die auf vergangenen Erfahrungen beruhen, und Projektionen in die Zukunft in Form von Wünschen, Hoffnungen und Erwartungen verhindern die Wahrnehmung dessen, was jetzt ist. Meditation zielt darauf ab, den Kontakt zur lebendigen Gegenwart herzustellen und die Fähigkeiten zum Denken, Erinnern und Planen bewusst nur dann einzusetzen, wenn sie tatsächlich benötigt werden. Auf diese Weise werden Sie in die Lage versetzt, selbst zu bestimmen, was Sie in jedem Moment tun oder auch lassen möchten.

Das letzte Kapitel behandelt außergewöhnliche, besonders tiefgreifende Erfahrungen, die durch Meditation ausgelöst werden können. Es handelt sich hierbei um Seinszustände, in denen das Denken zur Ruhe kommt und neue Einsichten in die Natur der Wirklichkeit gewonnen werden. Die Übereinstimmung in den Schilderungen solcher Erfahrungen (Marshall, 2005) und die Tatsache, dass diese unter bestimmten Voraussetzungen auch durch pharmakologische Substanzen ausgelöst werden können (Griffiths et al., 2006), weist darauf hin, dass spezifische hirnphysiologische Mechanismen zugrunde liegen.

Das Kapitel liefert zunächst eine naturwissenschaftliche Erklärung für das Auftreten dieser Erfahrungen und ihre charakteristischen Merkmale. Danach werden Faktoren und Meditationstechniken beschrieben, die das Auftreten dieser Erfahrungen begünstigen, und mögliche Risiken, die damit einhergehen. Für die Erweiterung des Erkenntnishorizonts sind solche Phänomene von großer Bedeutung, weil sie uns vor Augen führen, dass wir in einer subjektiven Wirklichkeit leben, die davon abhängt, wie unser Gehirn funktioniert, und dass noch weitere Funktionsweisen und Bewusstseinszustände existieren, in denen die Welt und unser eigenes Dasein in grundlegender Weise anders erlebt werden.

Jedes der nachfolgenden Kapitel enthält eine Einführung, in der zunächst der aktuelle Stand der Forschung vorgestellt wird. Der Praxisteil führt dann schrittweise in verschiedene Meditationsübungen ein.

Im ersten Teil dieses Buches werden ausgewählte Ergebnisse der Meditationsforschung in kompakter Weise vorgestellt und mit einer praktischen Anleitung verbunden. Die Meditationsübungen werden als Methoden zur Selbsterforschung, Selbstmodifikation und Selbsterkenntnis vermittelt. Sie als Leser werden in die Lage versetzt, selbst zu untersuchen, welche Wirkungen verschiedene Techniken auf Sie persönlich haben, und zu überprüfen, ob die beschriebenen Erfahrungen tatsächlich auftreten.

Der zweite Teil des Buches richtet sich an jene Leser, die tiefer in die wissenschaftliche Beschäftigung mit Meditation einsteigen und sich umfassender orientieren möchten. Sie erhalten einen Überblick über die Forschungslandschaft (Kapitel 1) und Hintergrundinformationen zu den im ersten Teil des Buches präsentierten Befunden zur Wirkung von Meditation auf die Gesundheit (Kapitel 2) und das Gehirn (Kapitel 3). Anhand von Abbildungen wird illustriert, wo sich die erwähnten Hirnregionen befinden. Im abschließenden Resümee wird auf den Stellenwert eingegangen, den Meditation für die Entwicklung einer neuen Bewusstseinskultur in der heutigen Gesellschaft haben kann.

Teil 1

DER WEG ZUM SELBST

KÖRPERHALTUNG

Grundsätzlich ist es möglich, in jeder beliebigen Körperhaltung zu meditieren, und tatsächlich werden im Yoga zahlreiche, teilweise körperlich sehr fordernde Stellungen in einer meditativen Weise eingenommen und für längere Zeit gehalten. Es gibt mehrere klassische Meditationshaltungen, die sich offenbar über die Jahrhunderte bewährt haben, doch welche davon ist am besten? Welche Kriterien muss eine Position erfüllen, um die Meditation zu erleichtern und das Auftreten tiefer Erfahrungen zu begünstigen?

Bei der Auswahl einer besonders gut geeigneten Meditationshaltung gibt die wissenschaftliche Literatur leider keine Hilfestellung. Denn obwohl die Meditationsforschung inzwischen mehrere tausend Veröffentlichungen umfasst (Murphy & Donovan, 1997), wurde der Einfluss der Körperhaltung auf die Qualität der Meditation bislang noch nicht untersucht. Macht es einen Unterschied, ob jemand im Stehen, Hocken, Knien, Sitzen oder Liegen meditiert? Treten im traditionellen Lotossitz tiefere Erfahrungen auf als beim Sitzen auf einem gewöhnlichen Stuhl?

Wissenschaftliche Studien zu diesen Fragestellungen liegen nicht vor. Sie selbst sind also gefordert, herauszufinden, welche Haltung für Sie persönlich optimal ist, und dieses Kapitel unterstützt Sie dabei. Zum einen werden die Vor- und Nachteile der verschiedenen Körperhaltungen erörtert, und zum anderen erhalten Sie praktische Hinweise, um die Haltungen richtig einzunehmen und individuell anzupassen. Für die Übungen in den späteren Kapiteln ist es wichtig, dass Sie eine angenehme Haltung finden, die Sie für längere Zeit relativ bewegungslos einnehmen können.

Bevor Sie die Analyse und Bewertung verschiedener Körperhaltungen im folgenden Text nachvollziehen, können Sie selbst ein kleines Experiment unternehmen. Auch jetzt, in diesem Moment, beim Lesen dieses Satzes, haben Sie eine bestimmte Körperhaltung eingenommen. Mehr oder weniger bewusst haben Sie sich vermutlich für eine relativ bequeme Haltung entschieden, die aber zugleich die zum aufmerksamen Lesen erforderliche Wachheit unterstützt. Für die Meditation sind die Anforderungen weitgehend identisch – vielleicht befinden Sie sich bereits in einer Haltung, die sich auch hervorragend zum Meditieren eignen würde! Bevor Sie sich jedoch auf eine Position festlegen, sollten Sie sich zunächst einen Überblick verschaffen und die verschiedenen Alternativen kennenlernen.

Wenn die Situation es zulässt, dann können Sie nun verschiedene Haltungen einnehmen und beobachten, wie sich dies jeweils auf Ihr Körpergefühl und das Lesen auswirkt. Was verändert sich, wenn Sie sich hinstellen? Stehen Sie jetzt auf, und zwar, wenn möglich, nicht nur in der Vorstellung, sondern ganz real. Wie fühlt es sich an, im Stehen weiterzulesen? Fühlen Sie sich wacher? Wie entspannt oder angestrengt sind Ihre Beine, Ihre Arme und die Hände, die das Buch halten? Bleiben Sie mindestens eine Minute stehen, um einen Eindruck zu gewinnen, wie die stehende Haltung auf Körper und Geist wirkt. Dazu können Sie dieses Kapitel einfach noch einmal bis zu dieser Stelle lesen, oder Sie schließen die Augen, um die Innenwahrnehmung zu erleichtern.

●

Gehen Sie nun in die Hocke. Bekommen Sie die Fersen auf den Boden oder kippen Sie nach hinten? Wie lange können Sie im Hocken verharren, ohne dass es anstrengend wird? Was geschieht mit der Atmung, wenn der Bauch an die

Oberschenkel gepresst wird? In vielen Regionen der Erde ist das Hocken auf dem Boden eine ganz alltägliche Haltung, und auch kleine Kinder nehmen diese Haltung beim Spielen oft spontan ein. Wenn Sie vorhaben, später auch im Lotossitz zu meditieren, ist das Hocken eine gute Vorübung, um die Beweglichkeit der Beine und des Beckens zu erhöhen. Dazu später mehr.

Gehen Sie nun in die kniende Position, bei der das Gesäß auf den Füßen ruht. Wann haben Sie diese Haltung das letzte Mal eingenommen? Fühlt sich diese klassische Gebetshaltung merkwürdig für Sie an? Wenn möglich, sollten die Zehen nicht aufgestellt sein, sondern flach auf dem Boden aufliegen. Wie aufgerichtet ist der Oberkörper? Wie fühlen sich Knie und Unterschenkel an? Verlassen Sie die Position, wenn Schmerzen auftreten sollten. Andernfalls probieren Sie das Knien eine Weile aus, bevor Sie zum Sitzen kommen.

Strecken Sie im Sitzen zunächst einmal die Beine nach vorne aus. Ist Ihr Oberkörper aufrecht, oder sinken Sie nach vorne zusammen? Wie unterscheidet sich das Sitzen auf dem Boden von dem auf einem Stuhl? Was verändert sich, wenn Sie die Beine zum Schneidersitz anwinkeln, kreuzen und die Unterschenkel auf das Fußgelenk bzw. die Ferse des anderen Beines legen? Ist diese Haltung bequem, oder zieht es in den Oberschenkeln? Könnten Sie diese Position für zwanzig Minuten halten und sich dabei entspannen? Ist sie eher unangenehm oder sogar schmerzhaft? Lassen Sie sich auch hier wieder etwas Zeit, um die Wirkungen mit geschlossenen Augen von innen her zu erspüren. Bei Bedarf können Sie Ihren Rücken an eine Wand lehnen.

Zu guter Letzt legen Sie sich nun auf den Boden, ein Sofa oder ein Bett. Legen Sie, falls vorhanden, ein Kissen unter Ihren Kopf, und verwenden Sie eine Decke als Unterlage, falls der Boden kalt sein sollte. Können Sie in dieser Haltung lesen? Wie wirkt sich die liegende Position auf Ihre Aufmerksamkeit aus? Schließen Sie die Augen, und entspannen Sie Ihren ganzen Körper. Zählen Sie zehn Atemzüge, und öffnen Sie dann wieder die Augen. Kann Ihr Geist wach und aktiv bleiben, oder werden Sie schläfrig und unkonzentriert? Wollen Sie vielleicht ein kleines Nickerchen einschieben und später weiterlesen?

●

Kehren Sie nun wieder in Ihre Ausgangshaltung vor dem Experiment zurück. Von den fünf Grundhaltungen – Stehen, Hocken, Knien, Sitzen und Liegen – ist das Hocken diejenige Haltung, die wohl am seltensten zur Meditation eingesetzt wird. Westliche Menschen im Erwachsenenalter sind häufig überhaupt nicht mehr in der Lage, diese Haltung einzunehmen oder gar sich darin zu entspannen. Durch das Anwinkeln der Beine wird deren Durchblutung beeinträchtigt, und auch die Bauchatmung ist eingeschränkt.

Bei den nachfolgenden Erörterungen findet das Hocken daher nur als Dehnübung Berücksichtigung. Das Sitzen und Knien sind demgegenüber die am meisten verwendeten Meditationshaltungen und werden gleich im Anschluss ausführlich behandelt. Liegen, Stehen und Gehen bieten in manchen Fällen eine sinnvolle Alternative oder Ergänzung zur Sitzmeditation und werden danach besprochen.

Sitzen und Knien

Generell eignet sich für die Meditation jede stabile Sitzhaltung, bei der der Oberkörper aufgerichtet ist und sich der Körper entspannen kann. In vielen Meditationsanleitungen wird als ideale Haltung der Lotossitz empfohlen, bei dem die Beine angewinkelt und überkreuzt werden, so dass die Füße jeweils auf dem Oberschenkel des anderen Beines zu liegen kommen. Wenn die Beweglichkeit dies nicht zulässt, werden der halbe Lotossitz oder der Schneidersitz empfohlen, mit einem Fuß bzw. beiden Füßen auf dem Boden. Als Alternative werden kniende Positionen mit und ohne Bänkchen angeführt – wenn auch diese nicht erträglich sind, bleibt das Sitzen auf einem Stuhl als letzte Option.

Für eine Überlegenheit des Lotossitzes, den viele Insider bevorzugen, existieren allerdings, wie eingangs erwähnt, keine wissenschaftlichen Belege. Gerade Anfänger können leicht frustriert werden, wenn sie daran scheitern, diese Position korrekt einzunehmen. Die traditionellen Meditationshaltungen führen ohne Vorübung und geeignete Hilfsmittel (Kissen, Bänkchen) oft zu Anspannungen und Schmerzen, die die Aufmerksamkeit auf sich ziehen. Für Einsteiger ohne die erforderliche körperliche Beweglichkeit und ohne entsprechende Hilfsmittel ist es also günstiger, zunächst auf einem vorhandenen Stuhl oder einer vergleichbaren Sitzgelegenheit zu üben.

Sitzen auf einem Stuhl

Vielleicht befindet sich an dem Ort, den Sie für die Meditation ausgewählt haben, bereits ein Stuhl. Testen Sie dennoch systematisch alle Stühle, die sich in Ihrer Wohnung befinden, ohne auf ihr Aussehen zu achten. Auf welchem Stuhl sitzen Sie am angenehmsten? Stellen Sie die vorhandenen Stühle nebeneinander, und nehmen Sie so lange Vergleiche vor, bis der beste Stuhl übrig bleibt. Der Aufwand lohnt sich, denn Sie werden bei den Meditationsübungen auf diesem Stuhl ja einige Zeit verbringen.

Setzen Sie sich jeweils auf das vordere Drittel der Sitzfläche, ohne sich anzulehnen. Wie gut ist der Kontakt zur Sitzfläche? Sitzen Sie bequem oder vielleicht zu hart? Verwenden Sie bei Bedarf ein flaches Kissen zur Polsterung. Die Höhe der Sitzfläche ist dann optimal, wenn Ober- und Unterschenkel ungefähr einen rechten Winkel bilden, d.h., wenn die Unterschenkel senkrecht stehen, sollten sich die Oberschenkel in der Waagrechten befinden. Ziehen Sie die Schuhe aus, und setzen Sie die Füße flach auf dem Boden auf, die Knie mindestens zwei Handbreit voneinander entfernt.

Die Hände können Sie entweder auf den Knien bzw. Oberschenkeln ablegen oder vor dem Bauch ineinander legen. Wenn eine bequeme Armlehne vorhanden ist, können Sie diese zwar nutzen, es ist jedoch günstiger, ohne Armlehne zu üben, weil Sie sich dann nicht daran gewöhnen und Stühle mit geeigneter Armlehne vielleicht nicht immer zur Verfügung stehen. Eine Rückenlehne sollten Sie nur benutzen, wenn Rückenschmerzen auftreten und Sie sich nicht entspannen können, ohne den Rücken anzulehnen.

Klappstühle sind in der Regel eher ungeeignet, weil sie nicht die nötige Stabilität aufweisen. Bürodrehstühle können durchaus geeignet sein, zumal sie meist höhenverstellbar sind. Ansonsten können Sie eine mehrfach gefaltete Decke unter die Füße legen, falls die Sitzfläche etwas zu hoch sein sollte. Falls die vordere Stuhlkante einschneidet, empfiehlt es sich, einen Sitzkeil aus festem Schaumstoff zu verwenden. Durch eine nach vorne leicht abfallende Sitzfläche wird zudem die Aufrichtung des Oberkörpers unterstützt. Verwenden Sie ruhig etwas Zeit darauf, Ihren Sitzplatz für die Meditation komfortabel einzurichten, denn damit verstärken Sie die Motivation zum Üben und erhöhen die Chance, schon von Beginn an positive Erfahrungen zu machen.

Der Lotossitz und seine Varianten

Die bekannteste Sitzhaltung für die Meditation ist sicherlich der Lotossitz, der zu einem bildhaften Symbol für Meditation schlechthin geworden ist. Der Überlieferung nach hat Siddhartha Gautama, der historische Buddha, im Lotossitz Erleuchtung erlangt und wird meist in dieser Haltung dargestellt. Er war zum damaligen Zeitpunkt ein hochgradig trainierter indischer Yogi, dem das Einnehmen dieser Haltung keinerlei Mühe bereitet haben dürfte. Ungeübte Personen sind normalerweise dazu nicht in der Lage.

Um Ihre eigene Beweglichkeit zu prüfen, setzen Sie sich am besten auf einen Teppich oder eine Decke und winkeln beide Beine an, so dass die Knie nach außen zeigen und sich die Unterschenkel überkreuzen. Versuchen Sie nun behutsam einen Fuß auf den Oberschenkel des anderen Beines zu legen. Wenden Sie dabei keine Gewalt an! Wenn Sie den Fuß mit starkem Kraftaufwand in die Position zwingen müssen, könnten Sie in dieser Haltung sowieso nicht gut meditieren. Außerdem besteht die Gefahr, dass Sie bei der Dreh- und Hebelbewegung Ihr Kniegelenk verletzen!

Falls es Ihnen jedoch leicht fallen sollte, einen Fuß auf den Oberschenkel des anderen Beines zu legen, dann können Sie den zweiten Fuß auf dem Boden liegen lassen und befinden sich im halben Lotossitz. Wenn Sie auch den zweiten Fuß über Kreuz auf das andere Bein legen können, wird daraus der volle Lotossitz. Nehmen Sie diese Haltung aber nur ein, wenn Sie keine große Spannung in den Knien verspüren. Achten Sie außerdem auf die Stellung des Beckens: Zieht das Becken den unteren Rücken nach hinten, so dass Sie Ihren Oberkörper zum Ausgleich nach vorne beugen müssen? In einer Haltung mit gekrümmtem Rücken können Sie ebenfalls nicht gut meditieren.

Der Spannung im Becken und unteren Rückenbereich können Sie entgegenwirken, indem Sie sich auf ein festes, hohes Kissen setzen – genau diesem Zweck dienen die typischen runden Meditationskissen. Außerdem sind Dehnübungen für das Becken hilfreich, wie sie im Yoga praktiziert werden (z.B. »Schmetterling« und »Grätsche«; Links zu Anleitungen im Internet finden Sie auf der Website zum Buch). Gehen Sie sehr behutsam vor, um Schädigungen zu vermeiden – die Entwicklung körperlicher Flexibilität benötigt Zeit, Geduld und Beharrlichkeit.

Der volle und halbe Lotossitz werden von vielen fortgeschrittenen Meditierenden geschätzt, weil das Dreieck aus Gesäß und den beiden Knien, die auf dem Boden aufliegen, eine stabile Grundlage für die Aufrichtung der Wirbelsäule bildet. Wenn Sie langfristig auch gerne in dieser Haltung meditieren möchten, dann können Sie den Schneidersitz als Ausgangspunkt nehmen. Schützen Sie Ihre Kniegelenke, indem Sie Kissen darunterlegen. Mit der Zeit werden Becken und Beine gedehnt, was Sie durch zusätzliche Übungen fördern können. Gewöhnen Sie es sich an, auch bei anderen Gelegenheiten, zum Beispiel beim Lesen, im Schneidersitz zu sitzen oder in die Hocke zu gehen. Durch die hockende Position dehnen Sie den unteren Rücken und den Halteapparat im Beckenbereich. Falls Sie die Fersen nicht auf den Boden bekommen, können Sie eine gefaltete Decke unterlegen.

Achten Sie darauf, beim Anwinkeln und Überkreuzen

der Beine die Reihenfolge regelmäßig abzuwechseln, damit sich die Beweglichkeit gleichmäßig entwickelt. Wechseln Sie bei längeren Meditationssitzungen die Anordnung der Beine nach der Hälfte der Zeit. Auf diese Weise können Sie verhindern, dass vorhandene Asymmetrien, die zur Bevorzugung einer Sitzvariante führen, noch weiter verstärkt werden. Üben Sie vermehrt in der schwierigeren Variante, um Unterschiede zwischen der rechten und linken Seite auszugleichen. Im Abschnitt zum Stehen und Gehen finden Sie Hinweise, wie Sie mit auftretenden Schmerzen umgehen können.

Knien

Kniende Positionen sind bei Meditierenden ebenfalls recht beliebt und weit verbreitet. Die einfachste Form ist der sogenannte Fersensitz, bei dem das Gesäß auf den Füßen ruht. Problematisch bei dieser Sitzhaltung sind zum einen die Fußgelenke, die eventuell zu steif sind, um die Fußrücken flach auf den Boden zu legen. Zum anderen werden die Beine durch das Gewicht des Körpers stark zusammengepresst, so dass die Füße leicht einschlafen. Eine aufgerichtete kniende Haltung, bei der die Oberschenkel senkrecht stehen, ist wiederum auf Dauer sehr anstrengend.

Damit eine kniende Haltung dauerhaft angenehm bleibt, ist der Einsatz von Hilfsmitteln ratsam, entweder in Form eines Sitzbänkchen oder eines Kissens, das zwischen den Beinen platziert wird. In beiden Fällen werden die Beine vom Gewicht des Körpers entlastet, und das Gesäß erhält eine stabile Auflagefläche. Eine gerollte Decke unter den Fußgelenken kann den Druck auf Fußrücken und Zehen mindern.

Sitzbänkchen gibt es in unterschiedlichen Ausführungen im Handel. Wenn Sie viel unterwegs sind, kann sich ein

Reisebänkchen zum Zusammenklappen lohnen. Mit Körnern gefüllte Kissen sind gut formbar und zugleich fest, so dass sie sich besonders gut eignen, um sie zwischen die Beine zu legen und sich rittlings daraufzusetzen. Eine Linksammlung mit Anbietern und eine Bauanleitung für ein Meditationsbänkchen finden Sie auf der Website zum Buch.

Liegen

Bei dem kleinen Experiment mit den verschiedenen Körperhaltungen zu Beginn dieses Kapitels konnten Sie vielleicht feststellen, dass es in einer liegenden Position schwierig ist, wach und konzentriert zu bleiben. Wenn Sie sich im Liegen körperlich entspannen, besteht ein erhöhtes Risiko, dass Sie einschlafen. Aus diesem Grund wird auch beim autogenen Training empfohlen, zunächst im Sitzen zu üben (Krampen, 1998), bis man gelernt hat, den Körper völlig zu entspannen und zugleich geistig präsent zu bleiben.

Das Üben im Liegen ist nur dann empfehlenswert, wenn Sie mit einer gesprochenen Anleitung meditieren, wenn Sie Ihren Körper vollständig entspannen möchten oder wenn Sie nach der Meditation unmittelbar in den Schlaf gleiten möchten. Bei einer gesprochenen Anleitung werden Sie durch die Stimme immer wieder zurückgeholt, wenn Sie abdriften. Beginnen Sie mit kurzen Übungszeiten, die Sie allmählich ausdehnen, und stellen Sie sich einen Wecker, der das Ende der Übungszeit signalisiert. Eine weitere Möglichkeit, dem Einschlafen vorzubeugen, ist es, den Oberkörper mit mehreren Decken etwas höher zu lagern.

Wenn Sie längere Zeit im Sitzen meditiert haben, dann legen Sie sich im Anschluss ruhig noch für einige Minuten auf den Rücken, um die Haltemuskulatur zu entspannen. Reiben und massieren Sie Ihre Füße und Beine, falls diese eingeschlafen sein sollten. Unterstützen Sie den Kopf mit einem Kissen, und stellen Sie die Füße auf, um den unteren Rücken zu entlasten. Auf diese Weise kann die Meditation im Liegen ausklingen und Sie schaffen einen sanften Übergang, bevor Sie Ihre Alltagsaktivitäten wiederaufnehmen.

Stehen und Gehen

Im Mittelpunkt dieses Buches steht die Sitzmeditation. Im Vergleich zum Sitzen erfordert das Stehen erheblich mehr Muskelarbeit und Koordination, um das Gleichgewicht aufrechtzuerhalten. Wer den ganzen Tag »auf den Beinen« war, weiß, wie angenehm es ist, am Abend die Beine zu entlasten. Wenn Sie allerdings für längere Zeit sitzen, beispielsweise während der Arbeit am Schreibtisch oder auf Reisen, dann haben Sie sicherlich auch die Erfahrung gemacht, wie wohltuend es ist, zwischendurch aufzustehen und sich ein wenig die Beine zu vertreten.

Bei der Sitzmeditation werden die Beine typischerweise durchgängig in ein und derselben Position belassen. Vor allem beim Knien und beim Sitzen mit gekreuzten Beinen kann es leicht vorkommen, dass die Durchblutung der Beine eingeschränkt ist und die Füße einschlafen. Die Strategie, die dabei auftretenden unangenehmen Empfindungen auszuhalten, führt manchmal scheinbar zum »Erfolg«: Nach einiger Zeit spüren Sie Ihre Beine und Füße überhaupt nicht mehr ... Aber spätestens wenn Sie die Sitzhaltung wieder verlassen und das Empfindungsvermögen zurückkehrt, werden Sie mit den schmerzhaften Folgen konfrontiert, die es haben kann, wenn Warnsignale des Körpers ignoriert werden.

Zwingen Sie sich also nicht, in einer bestimmten Haltung zu verharren, sondern reagieren Sie auf Missempfindungen, indem Sie entweder die Lage der Beine verändern, Druckpunkte unterpolstern oder die Haltung für eine kurze Zeitspanne verlassen. Strecken Sie beispielsweise für eine Minute die Beine aus, oder stehen Sie auf und gehen Sie ein wenig umher, bevor Sie zur Sitzhaltung zurückkehren.

Solche körperlichen Bewegungen werden oft als Unterbrechung der Meditation erlebt, weil sie die gewonnene Sammlung und innere Ruhe beeinträchtigen. Diesen potentiell störenden Effekt können Sie reduzieren, indem Sie alle Bewegungen meditativ, das heißt mit großer Achtsamkeit ausführen. Sie müssen die Meditation nicht unterbrechen, wenn Sie behutsam ein Bein ausstrecken oder kurz aufstehen. Nutzen Sie vielmehr die Bewegungen als meditative Übung, indem Sie sie langsam und bewusst ausführen.

In der Zen-Praxis werden Sitz- und Gehmeditation oft kombiniert, indem sich beispielsweise 25-minütige Sitzphasen mit 5-minütigem Gehen abwechseln. Das Gehen ist dabei keineswegs als Pause zu verstehen, sondern als eigene, anspruchsvolle Meditationstechnik. Stehen und Gehen sind hochgradig automatisierte Prozesse, die sehr früh erlernt werden und dann weitgehend unbewusst »ablaufen«. Das meditative Gehen wird daher stark verlangsamt, um die Komplexität des »Vorgangs« wahrnehmen zu können: die Gewichtsverlagerungen, das Aufsetzen der Ferse, das Abrollen über die Fußsohle, die Muskelarbeit in Waden, Oberschenkeln und Gesäß.

Sich mittels Meditation die eigenen Haltungs- und Bewegungsmuster bewusst zu machen dient der Einsicht in den eigenen Körperausdruck. Außerdem ist dies für die Übertragung und Ausweitung meditativer Qualitäten »vom Kissen in den Alltag« wichtig. Wenn Sie in der Meditation beispielsweise chronische Verspannungen im Nacken und Gesäß erspüren und auflösen, werden Sie merken, dass Sie anschließend den Boden besser spüren, sich freier und geschmeidiger bewegen.

Viele alltägliche Situationen, zum Beispiel der Gang zum Bäcker oder Zeiten, in denen Sie warten müssen, können Sie dazu nutzen, sich die eigene Haltung und Bewegung bewusst zu machen. Keine der Meditationsübungen in den nachfolgenden Kapiteln setzt zwingend eine Sitzhaltung voraus. Insbesondere wenn es Ihnen schwerfällt, Zeit für die Sitzmeditation zu reservieren, bietet es sich an, geeignete Situationen im Alltag für die Meditation zu nutzen. Besonders vorteilhaft ist es, wenn Sie formelle Sitzmeditation und Achtsamkeitsübungen bei alltäglichen Handlungen kombinieren, weil dadurch die positiven Qualitäten, die Sie anstreben, am schnellsten entwickelt, vertieft und im tätigen Leben verwirklicht werden können.

Achtsamkeit und Körperbewusstheit können während der nach innen gewandten Sitzmeditation besonders leicht gesteigert werden. Versuchen Sie, diese erhöhte Bewusstheit danach so lange wie möglich zu bewahren, wenn Sie wieder in der Außenwelt aktiv werden. Nutzen Sie jede Wartezeit als Gelegenheit zum Meditieren. Wenn Sie stehen, beispielsweise an einer Haltestelle, dann drücken Sie nicht die Beine durch, sondern gehen Sie unmerklich etwas in die Knie, um den Bodenkontakt zu verbessern. Spüren Sie, wie die Füße Ihr Gewicht tragen. Verlagern Sie Ihren Schwerpunkt pendelnd von den Zehenballen auf die Fersen und vom linken auf den rechten Fuß, bis er schließlich in der Mitte der Füße liegt. So können Sie auch im Stehen eine zentrierte Haltung einnehmen, die sich für die nachfolgend beschriebenen Meditationsübungen hervorragend eignet.

Checkliste: Welche Haltung ist für mich optimal?

Als Entscheidungshilfe werden nachfolgend Empfehlungen für einige typische Situationen gegeben. Prüfen Sie, was am ehesten auf Sie zutrifft.

- Ich möchte Meditation ausprobieren und erst einmal kein Geld für Hilfsmittel ausgeben: Sitzen Sie auf einem vorhandenen Stuhl.
- Ich möchte gerne die traditionellen Meditationshaltungen ausprobieren: Beginnen Sie mit dem Schneidersitz oder dem Fersensitz. Verwenden Sie ein festes Kissen als Sitzfläche, und unterpolstern Sie Knie und Füße.
- Ich bin bereit, Zeit und Geld zu investieren, um in einer traditionellen Meditationshaltung zu üben: Kaufen Sie sich ein Bänkchen oder Meditationskissen, und praktizieren Sie Dehnübungen, wenn Sie den halben oder vollen Lotossitz erlernen möchten.
- Ich habe bereits nach kurzer Zeit heftige Rückenschmerzen, wenn ich mich aufrecht hinsetze: Lehnen Sie Ihren Rücken an, oder praktizieren Sie mit einer gesprochenen Anleitung im Liegen.
- Ich habe keine Zeit für die regelmäßige Sitzmeditation: Finden Sie im Alltag Gelegenheiten zum Meditieren (z.B. Wartezeiten), oder gestalten Sie Alltagshandlungen (z.B. Treppensteigen) als meditative Übungen.

Unabhängig von der gewählten Haltung sollten Sie darauf achten, bequeme Kleidung zu tragen, die nicht einschnürt und die Atmung beengt. Ziehen Sie die Schuhe aus, und verwenden Sie bei Bedarf ein Paar Socken, um die Füße warm zu halten. Legen Sie Brille, Schmuck, Armbanduhr und dergleichen ab – bei der Erforschung der Innenwelt werden sie nicht benötigt. Das Ablegen ist auch eine symbolische Handlung, das Einleitungsritual für eine private Auszeit, in der solche Äußerlichkeiten keine Rolle spielen.

ATMEN

Sie haben Ihre Motivation geklärt, befinden sich an einem geeigneten Ort und haben Zeit. Sie haben eine bequeme Körperhaltung für sich gefunden und möchten Meditation ausprobieren. Doch wie geht Meditieren? Was tut jemand, der meditiert? Auf diese Frage gibt es viele mögliche Antworten, weil eine Vielzahl unterschiedlicher Meditationstechniken existiert.

In der Literatur werden diverse Meditationsobjekte beschrieben, auf die die Aufmerksamkeit gerichtet werden kann. In manchen Traditionen werden Meditationssilben oder -sätze *(mantras)* wiederholt, beispielsweise das bekannte »OM« oder »Herr, erbarme dich meiner«. Andere Techniken arbeiten mit dem Betrachten von Meditationsbildern *(mandalas)*, dem Starren in eine Kerzenflamme *(trataka)* oder inneren Vorstellungsbildern. Worauf sollte man sich konzentrieren, oder ist es vielleicht besser, sich auf überhaupt nichts Bestimmtes zu konzentrieren?

Eine wissenschaftlich fundierte Beantwortung dieser Fragestellung erfordert, dass Personen zufällig Gruppen zugeteilt werden, die unter sonst identischen Bedingungen verschiedene Techniken praktizieren. Solche experimentellen Studien zum direkten Vergleich von Effekten sind sehr aufwendig und bisher nur äußerst selten durchgeführt worden (z.B. von Greenfield, 1978). Aus den Ergebnissen lassen sich keine eindeutigen Empfehlungen ableiten, weil die Wirkungen mehr Gemeinsamkeiten aufweisen als Unterschiede. Abgesehen von der Meditationsmethode spielen auch Persönlichkeitsmerkmale, Vorerfahrungen und Vorlieben bzw. Zielsetzungen der Praktizierenden eine Rolle: Eine Methode, mit der eine Person gute Erfolge erzielt, leistet dies nicht zwangsläufig auch für andere Personen.

Aufgrund des beschränkten wissenschaftlichen Kenntnisstandes und der vielfältigen potentiellen Einflussfaktoren ist es derzeit also nicht möglich, zuverlässig vorherzusagen, welche Meditationstechnik für welche Person für den Einstieg optimal wäre. Es gibt jedoch mehrere Argumente, die dafür sprechen, zunächst die Atmung als Meditationsobjekt zu verwenden:

- Als biologischer Prozess ist die Atmung ein neutrales Objekt, das keinen religiösen Bedeutungsgehalt aufweist.
- Atmung ist mit Bewegungen und Empfindungen verbunden, die das Ausrichten und Halten der Aufmerksamkeit erleichtern.
- Mit der Atmung wird die Wahrnehmung von der äußeren Umgebung auf den Innenraum des Körpers gelenkt.
- Bei der Selbstregulation von vegetativer Erregung (Entspannung) und Emotionen spielt die Atmung eine herausragende Rolle.
- Meditationsübungen mit der Atmung bieten eine Vielzahl von Möglichkeiten, den Fokus der Aufmerksamkeit und die zeitliche Struktur einer Sitzung zu variieren.

Nachfolgend werden die angeführten Argumente im Einzelnen erörtert.

Stand der Forschung

Atmung als Meditationsobjekt

Als universeller, natürlicher Körpervorgang ist die Atmung – anders als die eingangs erwähnten Mantras und Mandalas – als Meditations-Objekt weltanschaulich neutral und insbesondere auch für religionskritische Menschen akzeptabel. Gerade für Anfänger werden zum Einstieg oft Methoden empfohlen, die sich auf den Atemvorgang beziehen. In der Zen-Tradition wird beispielsweise das Zählen der Atemzüge praktiziert (Kapleau, 1987; siehe unten). Im Yoga bilden verschiedene Atemtechniken eine eigene Übungsstufe *(pranayama)*, die die Konzentrationsfähigkeit trainiert und für die Meditation vorbereitet (Vivekananda, 1988). Und auch bei den zehntägigen christlichen Exerzitien nach Jalics (2008) steht das achtsame Verfolgen des Atems am zweiten Tag als Einstiegsübung im Mittelpunkt der Meditation.

Die Atmung ist stets als Objekt verfügbar. Der Atemvorgang läuft zwar automatisch ab, kann jedoch sehr leicht bewusst wahrgenommen werden, weil er mit Bewegungen des Zwerchfells und Brustkorbs einhergeht. Zudem treten Empfindungen im Bereich des Naseneingangs auf, die ebenfalls als »Anker« für die Aufmerksamkeit verwendet werden können.

Fokussierung der Aufmerksamkeit

Das erste Hindernis, mit dem sich die meisten Meditationsanfänger konfrontiert sehen, ist die Erfahrung, dass sie ihre Aufmerksamkeit nur für eine relativ kurze Zeitspanne auf einem gewählten Meditationsobjekt halten können. Schon William James (1890) beschrieb das Phänomen, dass wir uns nur für einige Sekunden auf ein Objekt konzentrieren können, wenn dieses sich nicht verändert (oder wir die Perspektive unserer Betrachtung ändern). Bei einem statischen Objekt verlieren wir rasch das Interesse, und die Aufmerksamkeit beginnt abzuschweifen. Nach einiger Zeit bemerken wir dieses Abschweifen und kehren zum Meditationsobjekt zurück.

Die Bewegungen und Empfindungen, die mit der Atmung einhergehen, erleichtern die Fokussierung der Aufmerksamkeit. Durch die Monotonie des Vorgangs ist es aber dennoch nicht einfach, die Aufmerksamkeit kontinuierlich auf die Atmung gerichtet zu halten. Es kommt daher zu einem Oszillieren zwischen Phasen der Aufmerksamkeit und Phasen des Abdriftens. Mit zunehmender Übung verschiebt sich das Verhältnis dieser Phasen, weil die Aufmerksamkeit länger auf der Atmung gehalten werden kann und das Abdriften schneller bemerkt und beendet wird.

Zu Beginn der Meditation besteht die Aufgabe zunächst darin, die Selbstkontrolle der Aufmerksamkeit systematisch zu trainieren. Im Rahmen dieser Anleitung wird dies als Basiskompetenz betrachtet, die für spätere Techniken eine wichtige Voraussetzung darstellt. Die Schulung der Konzentrationsfähigkeit kann jedoch auch für sich genommen bereits ein angestrebtes Ziel sein, wenn beispielsweise Aufmerksamkeitsdefizite vorliegen (Zylowska et al., 2009) oder ganz allgemein die Selbstkontrolle erhöht werden soll (Seer, 1986). Bei den beteiligten neuronalen Schaltkreisen im Gehirn handelt es sich um Aufmerksamkeitsnetzwerke, deren Leistung durch Training gesteigert werden kann (Jha et al., 2007). Inzwischen liegt eine Reihe von Studien mit bildgebenden Verfahren vor, die belegen, dass durch ein Meditationstraining die Verteilung von Aufmerksamkeitsressourcen verbessert werden kann (Lutz et al., 2008 a).

Die Fokussierung auf die Atmung ist mit einer Wendung der Aufmerksamkeit nach innen verbunden. Diese Innenwendung kann durch das Schließen der Augen noch gesteigert werden, weil dadurch potentiell ablenkende äußere Reize wegfallen. Mit der Atmung wird die Aufmerksamkeit in den Körper gelenkt und fördert so das Vermögen, körperliche Empfindungen und Signale differenzierter wahrzunehmen.

Die erste Stufe der Bewusstseinsveränderung durch Meditation, wie sie in dieser Anleitung empfohlen wird, besteht in der erweiterten Wahrnehmung des eigenen Körpers. Abgesehen von Schmerzen oder Hungergefühlen bleiben körperliche Empfindungen oft im Hintergrund. Das Beachten von »Bauchgefühlen« ist jedoch ein wichtiges Element der emotionalen Intelligenz und Intuition (Zeuch, 2010). Daher wird Meditation als ein Mittel angesehen, die Intuition zu fördern (Sadler-Smith & Shefy, 2007).

Im vorderen *Inselcortex* der rechten Gehirnhälfte laufen zahlreiche Informationen aus dem Körperinneren zusammen und bilden dort eine sogenannte *Meta-Repräsentation* des gefühlten Leibes. Diese Region ist bei einer Vielzahl von geistigen Prozessen aktiv und hat eine zentrale Bedeutung für unser Bewusstsein (Craig, 2002, 2003, 2004, 2009). Im Kapitel zum Fühlen werden Befunde vorgestellt, nach denen erfahrene Meditierende mehr graue Substanz (Nervenzellen) in der betreffenden Hirnregion aufweisen als Personen von Kontrollgruppen. Außerdem wird darauf eingegangen, welchen Stellenwert das Körpergefühl für die Selbstbewusstheit und als Bezugspunkt für unsere Ich-Identität hat.

Ein wesentliches Argument, das für die Atmung als Meditationsobjekt spricht, stützt sich auf den engen Zusammenhang zwischen Atmung, vegetativer Erregung und Emotionen. Eine gleichmäßige, vertiefte Atmung ist eine effektive Methode, innere Ruhe und Entspannung herbeizuführen. Aus diesem Grund betonen klinische Standardverfahren wie das autogene Training oder die progressive Muskelentspannung die wichtige Rolle der Atmung für eine effektive Entspannung, und auch bei der Behandlung von Angststörungen werden in akuten Stresssituationen langsame Atemzüge als natürliches Beruhigungsmittel eingesetzt.

Die Atmung wirkt sich in Form der sogenannten *respiratorischen Sinusarrhythmie* direkt auf die Herztätigkeit aus: Beim Einatmen schlägt das Herz etwas schneller, beim Ausatmen verlangsamt es sich. Sie können das selbst überprüfen, wenn Sie Ihren Puls am Handgelenk tasten. Die Höhe dieser Schwankungen nimmt bei einer Verlangsamung der Atmung zu. Eine Verlangsamung der Atmung während der Meditation ist ein typisches Phänomen bei Personen, die regelmäßig meditieren (Lazar et al., 2005; Lehrer, 1999). Es wird vermutet, dass eine Synchronisierung von Atem-, Herz- und Blutdruckrhythmen durch langsame, vertiefte Bauchatmung positive gesundheitliche Effekte mit sich bringt und zur Behandlung von Störungen der autonomen Regulation eingesetzt werden kann (Bernardi et al., 2001; Lehrer et al., 2000).

Jüngst fand eine dänische Arbeitsgruppe bei Meditierenden mehr graue Substanz in Kerngebieten des Hirnstamms, die mit der Regulation der Atmung und des Herz-Kreislauf-Systems beschäftigt sind (Vestergaard-Poulsen et al., 2009). Die Autoren der Studie vermuten, dass es sich um eine Auswirkung der langjährigen Übungspraxis handelt, die unter anderem achtsames Atmen beinhaltet. Veränderungen im Hirnstamm hätten aufgrund der vielfältigen Verbindungen zu höheren Zentren nicht nur Auswirkungen auf Atmung und Herz-Kreislauf-System, sondern könnten möglicherweise auch die bekannten positiven Effekte von Meditation auf Emotionen und Immunreaktionen erklären.

Die vorangegangenen Ausführungen und Befunde sollen illustrieren, dass sich atembezogene Meditationsübungen auf physiologischer wie auch emotionaler Ebene positiv auswirken und sich außerdem gut dazu eignen, die Fähigkeit zur Regulation der Aufmerksamkeit zu schulen. Im Übungsteil können Sie nun selbst überprüfen, ob diese theoretischen Befunde und Annahmen mit Ihren persönlichen Erfahrungen übereinstimmen.

Meditationsübungen

Die Atmung geschieht einerseits automatisch, andererseits können wir sie auch bewusst steuern. Bei den nachfolgenden Übungen wird – von wenigen Ausnahmen abgesehen – keine aktive Beeinflussung der Atmung vorgenommen. Die natürliche Atmung wird also lediglich wahrgenommen und nicht verändert. Sie werden feststellen, dass eine Verlangsamung der Atmung mit zunehmender Entspannung ganz von selbst eintritt.

Einstieg: Atmung und Körperhaltung

Wenn Sie zum Meditieren eine Sitzhaltung eingenommen haben, dann prüfen Sie zunächst, ob Sie wirklich aufrecht (im Lot) sitzen, indem Sie das Gewicht etwas nach rechts und dann nach links verlagern. Beobachten Sie, wie bei dieser langsamen Pendelbewegung der Druck erst auf die rechte und dann auf die linke Gesäßhälfte zunimmt. Lassen Sie die Pendelbewegungen kleiner werden, bis der Druck auf beiden Seiten gleich stark ist und sich der Schwerpunkt Ihres Oberkörpers genau in der Mitte befindet.

Anschließend wiederholen Sie den Vorgang mit einem Pendeln nach vorne und hinten. Beugen Sie Ihren Oberkörper so weit nach vorne, dass Sie deutlich nach vorne kippen würden. Danach gehen Sie zurück und so weit nach hinten, dass Sie wiederum deutlich den Punkt spüren, wo Sie nach hinten kippen würden. Lassen Sie die Pendelbewegungen wiederum kleiner werden, um den Punkt zwischen den beiden Extrempolen zu finden, der nur einen minimalen Kraftaufwand zum Halten des Gleichgewichts erfordert.

Legen Sie die Hände auf die Knie bzw. Oberschenkel, oder legen Sie sie vor dem Bauch ineinander. Falls noch nicht geschehen, schließen Sie bitte die Augen, um die Wendung der Aufmerksamkeit nach innen zu unterstützen. Falls Ihnen das Schließen der Augen unangenehm ist, dann fixieren Sie einen Punkt vor Ihnen auf dem Boden oder an der gegenüberliegenden Wand. Sie sollten die Augen auch offen lassen oder öffnen, wenn Sie bemerken, dass Sie sehr müde sind und mit geschlossenen Augen die Gefahr besteht einzudösen.

Nehmen Sie nun einige tiefe Atemzüge. Beobachten Sie, wie sich der Oberkörper aufrichtet, wenn sich beim Einatmen die Lunge mit Luft füllt. Lassen Sie bei jedem Ausatmen überflüssige Muskelspannungen los, ohne jedoch zusammenzusinken:

einatmen/aufrichten – ausatmen/entspannen –
einatmen/aufrichten ...

Wiederholen Sie dies so lange, bis Sie das Gefühl haben, aufrecht und entspannt zu sitzen. Die Atmung sollte nicht durch einen Gürtel oder enge Kleidung behindert werden. Vor allem der Bauch sollte nicht eingeschnürt sein, sondern sich frei ausdehnen können. Atmen Sie gezielt in den Bauchraum, um zu prüfen, dass sich die Bauchdecke ungehindert weiten kann.

Machen Sie sich die vertikale Körperachse vom Gesäß bis zum Scheitelpunkt Ihres Kopfes bewusst. Geben Sie Ihr Gewicht an die Unterlage ab und spüren Sie, wie die Wirbelsäule vom Becken ausgehend den Brustkorb und den Kopf trägt. Entspannen Sie die Schultern, und lassen Sie die Arme locker herabhängen. Sie haben die richtige Haltung gefunden, wenn sie mit einem Gefühl von Wachsamkeit, Zentrierung und Würde verbunden ist.

Beobachten der Atmung

Lassen Sie die Atmung natürlich fließen, ohne sie zu beeinflussen. Nehmen Sie wahr, mit welchen Empfindungen das Atmen verbunden ist. Wo im Körper spüren Sie das Atmen? Um sich mit den Atemempfindungen vertraut zu machen, beginnen Sie mit dem Naseneingang. Spüren Sie die einströmende Luft. Nehmen Sie die Temperatur wahr und die Berührungen durch den Luftzug. Verfolgen Sie den Atemstrom von den Nasenlöchern in die Nasenhöhle hinein. Versuchen Sie die Luft zu riechen, um die Aufmerksamkeit zu steigern. Wie weit können Sie die hereinströmende Atemluft verfolgen? Spüren Sie noch etwas davon im Hals?

Verfolgen Sie den Atemstrom in der Luftröhre, sofern Sie dort etwas wahrnehmen können, an den Stimmbändern vorbei, und gehen Sie mit der Aufmerksamkeit weiter in den Bereich der Bronchien. Machen Sie sich bewusst, wie die Luft durch die Bewegungen des Zwerchfells in die

Lungen hineingezogen wird. Nehmen Sie wahr, wie sich Brustkorb und Bauchraum beim Einatmen dehnen und beim Ausatmen zusammenziehen. Ist eine Bewegung der Rippen spürbar, oder atmen Sie vornehmlich im Bauch? Versuchen Sie abzuschätzen, wie viel Luft Sie mit einem Atemzug aufnehmen und wieder abgeben. Wie verteilt sich dieses Volumen auf den Brust- und den Bauchraum? Wie tief reichen die Bewegungen im Bauchraum? Spüren Sie Atembewegungen auch noch unterhalb des Nabels?

Nehmen Sie sich Zeit, um Ihre Atmung kennenzulernen. Wandern Sie mehrmals langsam vom Naseneingang bis zum Unterbauch, und verweilen Sie an allen einzelnen Stationen für mindestens drei Atemzüge: Nasenlöcher – Nasenhöhle – Luftröhre/Stimmbänder – Bronchien – Brustkorb/Rippen – Zwerchfell – Unterleib. Dann weiten Sie den Fokus der Aufmerksamkeit und versuchen, die Atemempfindungen in allen Regionen gleichzeitig wahrzunehmen. Nehmen Sie Ihren ganzen Leib wahr, wie er atmet, ganz ohne Ihr Zutun.

Erweitern Sie nun die Zeitspanne Ihrer Wahrnehmung, um den Rhythmus der Atmung zu erfassen. Wie verändert sich Ihr Befinden, wenn Sie nur dem eigenen Atem folgen, so als ob Sie der Brandung des Meeres lauschen? Lesen Sie die nachfolgenden Worte im Rhythmus der Atmung, verlangsamen Sie dabei den Lesefluss so, dass bis zum nächsten Punkt drei Atemzyklen verstreichen: ein und aus, ein und aus, ein und aus. Durch das »Andocken« an Ihre Atmung können Sie die hektische Betriebsamkeit der Gedanken sehr effektiv beruhigen. Nehmen Sie die innere Ruhe wahr, die im gleichmäßigen Rhythmus der Atmung liegt. Mit einer kurzen Atembeobachtung steht Ihnen in fast jeder beliebigen Situation eine Übung zur Verfügung, um sich zu besinnen und zur Ruhe zu kommen (siehe unten: Mini-Meditation).

Sie haben bei der vorhergehenden Übung verschiedene Aspekte der Atmung kennengelernt, die Sie nutzen können, um Ihre Aufmerksamkeit zu schulen. Manche Traditionen empfehlen, die Aufmerksamkeit auf eine Region etwas unterhalb des Nabels zu richten (Dürckheim, 1975), andere bevorzugen als »Anker« die Empfindungen am Naseneingang (Nasenlöcher, Oberlippe), weil diese Region kleiner ist und eine bessere Fokussierung erlauben soll (Hart & Bartsch, 2006). Probieren Sie aus, was Ihnen persönlich mehr zusagt.

Wenn Sie nun versuchen, die Aufmerksamkeit auf die Atmung zu richten und auf den gewählten Empfindungen zu halten, werden Sie voraussichtlich nach einiger Zeit unwillkürlich in Gedanken abschweifen, ohne dies sofort zu bemerken. Wie schnell dies geschieht und wie lange es dauert, bis Sie es bemerken, hängt von Ihrer allgemeinen Konzentrationsfähigkeit ab, von Ihrer Motivation und Ihrem Interesse an den Atemempfindungen sowie davon, wie wach Sie sind und wie viele andere Dinge Sie momentan beschäftigen.

Unternehmen Sie an diesem Punkt ein kleines Experiment. Merken Sie sich die aktuelle Uhrzeit, oder verwenden Sie eine Stoppuhr. Schließen Sie die Augen, und achten Sie auf Ihre Atmung – wie lange dauert es, bis Sie feststellen, dass Sie abgeschweift sind? Schaffen Sie es, länger als eine Minute Ihre Atmung achtsam wahrzunehmen, ohne an etwas anderes zu denken? Waren Sie die gesamte Zeit über kontinuierlich bei der Atmung, oder gab es Momente, wo Sie sich erneut konzentrieren mussten?

Diese einfache Übung dient dazu, dass Sie die unstete Natur der Aufmerksamkeit kennenlernen. Ein gleichförmiger, wiederkehrender Reiz wie die Atmung kann die Aufmerksamkeit nicht lange auf sich ziehen und binden.

Schon bald drängen andere Bewusstseinsinhalte in den Vordergrund – Gedanken darüber, was man gerade tut und warum oder was man sonst noch alles zu tun hätte. Wann immer das geschieht, nehmen Sie es wahr und kehren mit der Aufmerksamkeit zum gewählten Meditationsobjekt zurück. Durch beständiges Üben werden die Phasen der Achtsamkeit länger, und Sie bemerken schneller, wenn Sie abgedriftet sind.

Eine hilfreiche Technik, um diesen Lernprozess zu unterstützen, besteht darin, die Atemzüge zu zählen. Wiederholen Sie noch einmal das Experiment von eben. Zusätzlich zum achtsamen Wahrnehmen der Atmung zählen Sie dieses Mal bei jedem Einatmen und jedem Ausatmen eins weiter: einatmen/eins – ausatmen/zwei – einatmen/drei – ausatmen/vier usw., bis Sie bei zehn angekommen sind. Dann beginnen Sie mit dem nächsten Einatmen erneut bei eins. Sie können auch nur bis acht oder bis zwölf oder zwanzig zählen – das spielt keine entscheidende Rolle. Wichtiger ist, dass Sie trotz des Zählens den größten Teil Ihrer Aufmerksamkeit nach wie vor der Atmung widmen. Das Zählen sollte dagegen nur einen kleinen Teil der Aufmerksamkeit in Anspruch nehmen, in Zahlen ausgedrückt nicht mehr als zehn oder zwanzig Prozent.

Obwohl das Zählen nur im Hintergrund stattfindet, stellt es eine geistige Beschäftigung dar, die das Abdriften in Gedanken erschwert. Zudem können Sie ein Abdriften leicht daran bemerken, dass Sie vergessen, bei welcher Zahl Sie gerade sind, oder automatisch über zehn hinaus zählen. Wiederholen Sie also nun das Experiment und prüfen Sie, ob sich durch das Zählen die Zeitspanne bis zum Bemerken des ersten Abschweifens tatsächlich verlängert. Erleben Sie das Zählen als Unterstützung, als Ablenkung, oder macht es keinen Unterschied? Waren Sie beim zweiten Durchgang vielleicht schon etwas ermüdet oder besser geübt? Wiederholen Sie beide Varianten, und notieren Sie die jeweiligen Zeiten in einer Tabelle, um einen Eindruck von der Schwankungsbreite zu gewinnen.

Sie können bei diesen einfachen Übungen bemerken, wie schnell sich ablenkende Gedanken einschleichen können. Anstatt von Moment zu Moment die Atemempfindungen wahrzunehmen, beginnen Sie vielleicht darüber nachzudenken, wie gut Ihnen diese Aufgabe doch gerade gelingt und dass Sie ja schon so lange achtsam sind. Sie beginnen schon während der Übung zu vergleichen, wie sich diese von der anderen Variante (mit/ohne Zählen) unterscheidet. Oder Sie fragen sich, ob das vielleicht gerade ein Gedanke war, der als Abschweifung zählt. Sie erhalten hier einen ersten Eindruck davon, wie subtil und trickreich das Spiel der Gedanken ist, und lernen, die eigene Gedankentätigkeit bewusster wahrzunehmen und zu beeinflussen. Im Kapitel »Denken« wird auf diesen Punkt ausführlich eingegangen werden.

Wenn es Ihnen problemlos gelingt, beim Einatmen und Ausatmen zu zählen, dann können Sie den Schwierigkeitsgrad der Übung dadurch erhöhen, dass Sie nur noch beim Ein- oder beim Ausatmen eins weiter zählen. Damit werden die Lücken zwischen den Zählschritten verlängert. So bleibt mehr Aufmerksamkeit für die Atmung, aber auch das Risiko zum Abdriften steigt, und die letzte Zahl muss länger im Gedächtnis behalten werden.

Wenn das Zählen der Atemzüge Ihnen zusagt, können Sie darüber die Dauer Ihrer Meditationssitzung bestimmen, indem Sie zum Beispiel messen, wie lange zehn Atemzüge dauern, und dann pro Sitzung eine entsprechende Anzahl von »Zehner-Runden« Atemachtsamkeit praktizieren. Gegenüber dem Meditieren mit einem Wecker hat dies den

Vorteil, dass Sie nicht von außen kontrolliert und zum passiven »Absitzen« der Zeitspanne verführt werden.

Sie können die Zahl der Atemzüge auch allmählich steigern, indem Sie zuerst nur bis zwei zählen (ein Einatmen und ein Ausatmen), dann bis vier, sechs usw. Nehmen Sie erst einen weiteren Atemzug dazu, wenn Sie mehrmals erfolgreich durchgezählt haben. Denken Sie aber daran, dass das Zählen nicht im Mittelpunkt stehen soll, sondern lediglich ein Hilfsmittel darstellt. Um sich an die eigentliche Übung zu erinnern, können Sie diese »in Reinkultur« durchführen, indem Sie zwischen jeder Zehner-Runde bewusst einen Atemzug einschieben, bei dem Sie überhaupt nicht zählen, sondern 100 Prozent Ihrer Aufmerksamkeit auf die Atemempfindungen richten.

Es gibt noch viele weitere Varianten, mit dem Zählen der Atemzüge zu meditieren, und es bleibt Ihrer Experimentierfreude und Ihrem Erfindungsreichtum überlassen, eigene Übungen zu entwickeln. Das Zählen hat die Funktion eines Hilfsmittels, das sich mit der Zeit selbst überflüssig macht. Probieren Sie also immer wieder einmal aus, ob sich Ihre Fähigkeit zur achtsamen Wahrnehmung der Atmung so weit entwickelt hat, dass Sie auf das Zählen verzichten können. Falls Ihnen das Zählen zu nüchtern oder technisch erscheint, können Sie alternativ auch die nachfolgende Übung ausprobieren.

Atem und Wort verbinden

Eine verbreitete Methode, um die Gedankenaktivität einzudämmen, besteht darin, eine Meditationssilbe zu verwenden. Die entsprechende Silbe oder Formel aus mehreren Worten wird meist im Rhythmus der Atmung wiederholt. Im Yoga wird beispielsweise das als heilig verehrte Mantra »OM« verwendet (gesprochen »AUM«; Symbol für den Urklang des Universums) oder auch »SO-HAM«, was übersetzt bedeutet »Ich bin ER« und auf die Einheit der individuellen Seele *(atman)* mit IHM, Gott, der Weltseele *(brahman)* verweist. Beim Einatmen wird »SO« und beim Ausatmen »HAM« wiederholt und das wahrgenommene Atemgeräusch mit dem Klang der Silben verbunden. Untersuchungen mit sinnlosen Silben von Carrington (1997) ergaben, dass Silben mit langgezogenen Vokalen als angenehmer empfunden werden als solche mit kurzen Vokalen und harten Konsonanten (»LOM« wurde am besten bewertet, »KRIK« hingegen als unangenehm).

Anstelle eines traditionellen Mantras oder einer wohlklingenden, sinnlosen Silbe können Sie auch Worte verwenden, die den Vorgang selbst beschreiben, also »EIN« bei der Einatmung und »AUS« bei der Ausatmung. Oder Sie wählen einen Begriff, der eine Qualität beschreibt, die Sie in der Meditation verwirklichen möchten. Im ersten Kapitel waren einige Begriffe für typische Erfahrungen aufgelistet, wie z.B. Ruhe, Frieden, Hingabe. Im zweiten Teil des nächsten Kapitels wird noch ausführlicher darauf eingegangen, wie Sie mit Begriffen und Vorstellungen meditieren können, um bestimmte emotionale Qualitäten zu entwickeln.

Übung im Liegen: Yoga-Vollatmung

Zusätzlich zur Sitzmeditation können Sie auch im Liegen meditative Übungen mit der Atmung als Objekt durchführen. Legen Sie sich dazu auf den Rücken. Verwenden Sie bei Bedarf ein Kopfkissen und eine Decke unter den Beinen, um den Nacken und den unteren Rücken zu entlasten. Um die Wahrnehmung der Atembewegungen zu verbessern, können Sie eine Hand auf den Bauch und die andere auf den Brustkorb legen, ohne dass sich die Finger berühren. Die Ellenbogen ruhen seitlich vom Körper auf dem Boden.

Beginnen Sie die Übung damit, dass Sie Ihre natürliche Atmung beobachten. Wie lange ist die Einatmung im Vergleich zur Ausatmung? Zählen Sie während der Einatmung langsam von eins ab, und merken Sie sich, wie weit Sie kommen. Dann wiederholen Sie das Zählen von eins ab mit dem gleichen Tempo beim Ausatmen. Sind beide Atemphasen gleich lang? Vertiefen Sie die Atmung, indem Sie beim Ausatmen den Bauch etwas einziehen – dadurch verstärkt sich automatisch auch die Einatmung, ähnlich wie bei einer Schwingtür, die in eine Richtung angestoßen wird und dann auch weiter in die Gegenrichtung schwingt.

Verlängern und vertiefen Sie Ihre Atemzüge, ohne in Luftnot zu geraten, sich wie ein Ballon aufzublasen oder sich anzustrengen. Die Atmung schwingt natürlich ein und aus, und Sie verstärken diese Schwingung, indem Sie den Bauch sanft einziehen und dadurch die Ausatmung vertiefen. In welche Atembereiche strömt die Luft, vor allem in den Bauch oder auch in den Brustraum? Bei der sogenannten Yoga-Vollatmung wird zuerst der untere Bereich der Lunge mit Luft gefüllt. Das Zwerchfell hebt dabei den Bauch an. In einer zweiten Phase wird anschließend auch der Brustkorb mit Atemluft gefüllt, soweit die Beweglichkeit der Rippen dies ohne Anstrengung zulässt. Bei der Ausatmung wird keine Reihenfolge beachtet, der Atem strömt gleichzeitig aus der gesamten Lunge aus.

Diese Übung ist eine gute Vorbereitung für die Sitzmeditation mit der Atmung, weil dadurch die Atemräume besser wahrgenommen und erweitert werden können. Sie können diese einfache Version der Yoga-Vollatmung auch vor dem Einschlafen im Bett praktizieren und sich eine bestimmte Anzahl Atemzüge vornehmen. Wenn Sie beim tiefen Einatmen einen starken Widerstand im Brustkorb verspüren, dann können Dehn- und Streckübungen Ihnen etwas mehr Raum und Flexibilität verschaffen.

Eine vertiefte Bauchatmung wirkt nicht nur positiv auf das Herz-Kreislauf-System, sie beinhaltet auch eine innere Massage der Bauchorgane. Mit dem Abbau von Spannungen im Brust- und Bauchraum verändern sich die Resonanzeigenschaften der Lunge, was sich darin äußern kann, dass die Stimme klar und volltönend wird (Vivekananda, 1988). Es kann auch geschehen, dass Sie bemerken, wie ein herzhaftes Lachen wieder den Bauch zum Wackeln bringt, wie dies bei kleinen Kindern noch gut zu beobachten ist.

Mini-Meditation: Atemraum

Meditation ist nicht an einen bestimmten Ort oder eine bestimmte Körperhaltung gebunden. Wann immer Sie eine kurze Zeitspanne zur Verfügung haben, können Sie den sogenannten Atemraum (engl. *breathing space*) praktizieren, der nicht mehr als drei Minuten in Anspruch nimmt. Diese Übung besteht aus drei Elementen:

1. Gewahrsein: Nehmen Sie alle Gedanken, Gefühle und Körperempfindungen bewusst wahr.
2. Sammlung: Beobachten Sie den Atem, und ruhen Sie im gegenwärtigen Augenblick.
3. Ausdehnen: Nehmen Sie den Körper als Ganzes wahr.

Ursprünglich wurde diese Übung für die Rückfall-Prophylaxe von depressiven Patienten entwickelt, um Phasen negativen Grübelns zu unterbrechen (Segal et al., 2008). Aber auch bei Stressbewältigungskursen mit Studierenden hat sich gezeigt, dass diese Mini-Meditation als praktikabel und sehr wohltuend erfahren wird (Lynch et al., 2009).

Ein starker und schneller Effekt tritt insbesondere dann ein, wenn Sie die einzelnen Elemente zuvor intensiv geübt und vertieft haben. Bisher haben wir uns vorrangig mit dem zweiten Punkt, der Sammlung und Beruhigung mit Hilfe des achtsamen Atmens, beschäftigt. Das nächste Kapitel ist der bewussten Wahrnehmung von gegenwärtigen Körperempfindungen und Gefühlen gewidmet, die im ersten und dritten Punkt enthalten sind.

Bevor Sie mit dem Lesen fortfahren, halten Sie bitte einen Moment inne. Sie können dieses Buch von vorne bis hinten durchlesen, um sich einen Eindruck vom gesamten Weg zu verschaffen, der darin beschrieben ist. Sie haben dann eine Landkarte im Kopf und können sich anschließend auf den Weg machen, wenn Sie möchten. Ein Nachteil bei dieser Vorgehensweise liegt darin, dass Sie sich zunächst viel theoretisches Wissen aneignen, aber nur wenige praktische Erfahrungen machen. Wenn Sie die Anleitungen zum Meditieren lediglich lesen, entwickeln Sie zwar eine Vorstellung davon, was diese in Ihnen bewirken könnten, die beschriebenen Veränderungen Ihres Bewusstseins treten jedoch erst ein, wenn Sie die Übungen tatsächlich praktizieren.

Für anspruchsvollere Techniken der nachfolgenden Kapitel schaffen die Übungen zum achtsamen Atmen wichtige Voraussetzungen: Sie lernen, aufrecht und entspannt zu sitzen, einen Zustand innerer Ruhe herzustellen und Ihre Aufmerksamkeit auf einem gewählten Objekt zu halten. Diese Basisfertigkeiten benötigen Sie, um beispielsweise Ihre Aufmerksamkeit systematisch durch den gesamten Körper zu führen. Wenn Sie also die weiteren Übungen auch praktisch nachvollziehen möchten, dann legen Sie das Buch erst einmal zur Seite, und üben Sie so lange, bis es Ihnen gelingt, für mindestens zehn Minuten zu sitzen und achtsam zu atmen. Beginnen Sie mit zehn Atemzügen (oder zwei Minuten mit einem Wecker), und steigern Sie die Übungsdauer in kleinen Schritten.

Die Untergrenze von zehn Minuten ergibt sich daraus, dass Sie für einen vollständigen Body-Scan etwa diese Zeitspanne benötigen. Die typische Dauer einer Meditationssitzung liegt in vielen Traditionen zwischen 20 und 30 Minuten, manchmal auch bei 45 oder 60 Minuten. Probieren Sie aus, wie lange Sie die Aufmerksamkeit aufrechterhalten können. Wenn Sie bemerken, dass Sie sich nicht mehr konzentrieren können und ständig abschweifen, ist es womöglich besser, eine Pause einzuschieben, für fünf Minuten umherzugehen und sich dann erneut hinzusetzen. Oder Sie versuchen, den »toten Punkt« zu überwinden, indem Sie ein Mantra benutzen, um sich zu sammeln, oder indem Sie Ihre Gedanken und Gefühle der Müdigkeit selbst zum Objekt der Meditation machen.

Wie lange eine Sitzung am Morgen oder am Abend dauern kann, hängt natürlich in erster Linie von der freien Zeit ab, die Sie zur Verfügung haben. Wenn Sie in tiefere Erfahrungsbereiche vorstoßen möchten, empfiehlt es sich, am Wochenende oder im Urlaub mehrmals am Tag zu üben, getrennt von Erholungspausen, in denen Sie beispielsweise spazieren gehen oder einfache Arbeiten verrichten. Bei jeder weiteren Sitzung starten Sie dann auf einem tieferen Ausgangsniveau meditativer Sammlung und kommen leichter und schneller in die jeweilige Übung hinein.

FÜHLEN

Wie fühlen Sie sich – jetzt? Beim Lesen ist die Aufmerksamkeit zum einen auf die äußere Welt in Form des Textes gerichtet und zum anderen auf die Bedeutung der Worte und Sätze. Vielleicht gehören Sie zu den Menschen mit einer lebhaften Fantasie und Vorstellungswelt, die beim Lesen eines Romans ganz in die geschilderte Welt eintauchen können und alles um sich herum vergessen? Falls ja, dann »vergessen« Sie nicht nur die unmittelbare Umgebung, in der Sie sich befinden, sondern blenden auch Ihren Körper aus. Sich vorübergehend an andere Orte, in andere Zeiten und Personen versetzen zu können, ist eine bemerkenswerte Fähigkeit. In diesem Buch wird jedoch keine fiktive Geschichte erzählt. Sie werden vielmehr dazu angeleitet, Ihre Bewusstheit der gegenwärtigen Situation zu steigern, sich also ganz in das Hier und Jetzt und in sich selbst hineinzuversetzen.

Wenn Sie sich selbst fragen, wie Sie sich gerade fühlen, oder jemand anderes Sie fragt »Fühlst du dich gut?«, dann rufen Sie augenblicklich den aktuellen Zustand Ihres körperlichen und emotionalen Befindens ab. Diese Information ist zwar ständig abrufbar, bleibt jedoch die meiste Zeit im Hintergrund. In welchen Situationen richten Sie Ihre Aufmerksamkeit verstärkt auf Ihren Körper? Wenn Sie Schmerzen haben; wenn Sie Hunger, Durst oder ein übervoller Magen quält; wenn Sie dringend eine Toilette aufsuchen möchten; wenn Sie in der Badewanne liegen oder unter der Dusche stehen; wenn Sie von einem anderen Menschen liebkost werden; wenn Sie Sport treiben; wenn Sie von einer Begegnung oder Geschichte emotional sehr bewegt werden … Körpergefühle treten in alltäglichen Situationen nur dann in den Vordergrund, wenn sie eine hinreichende Intensität erreichen. In der Meditation können Sie lernen, auch subtile Empfindungen wahrzunehmen, die Ihnen ansonsten nicht bewusst werden würden.

In diesem Kapitel geht es zunächst um aktuelle wissenschaftliche Erkenntnisse zum Stellenwert von Körpergefühlen für Emotionen, für die Entscheidungsfindung in komplexen Situationen und für die Identität. Untersuchungen mit Meditierenden zeigen, wie durch Übung die Selbstwahrnehmung verfeinert werden kann und positive Emotionen entwickelt werden können.

Stand der Forschung

Körpergefühle und emotionale Bewusstheit

Nicht nur zahlreiche Redewendungen weisen darauf hin, dass Emotionen mit bestimmten körperlichen Empfindungen verknüpft sind (siehe Einführungskapitel), auch in der wissenschaftlichen Theoriebildung wurde schon früh von einer körperlichen Verankerung der Emotionen ausgegangen. So beschrieb beispielsweise die James-Lange-Theorie Emotionen als Begleiterscheinungen körperlicher Prozesse. Es sind die charakteristischen Empfindungen und körperlichen Reaktionen, die eine Situation in uns auslöst, die die jeweilige Emotion ausmachen: Angst, Wut, Ekel, Freude, Trauer, Liebe – alle starken Emotionen gehen mit Empfindungen im Körper und äußeren Anzeichen wie Lachen, Weinen und typischen Gesichtsausdrücken einher.

Eine Hirnstruktur, die bei der Wahrnehmung von Körpergefühlen offenbar eine herausragende Rolle einnimmt, ist der *Inselcortex*. In einer Reihe von Publikationen hat Craig (2002, 2003, 2004, 2009) herausgearbeitet, dass im vorderen Inselcortex der rechten Hirnhälfte eine *Meta-Repräsentation* des gefühlten Leibes gebildet wird. Dort fließen Informationen aus dem Körperinneren zusammen, bilden die Grundlage dafür, dass wir uns als lebendigen Leib spüren, und ermöglichen uns eine Bewusstheit unseres aktuellen emotionalen Zustands. Wenn Sie sich also fragen: Wie fühle ich mich jetzt? Dann ist es insbesondere diese Hirnregion, die Sie aktivieren, um Ihr aktuelles Befinden abzurufen.

Jüngste Studien, in denen die Hirnstruktur von Meditierenden mit der von Nicht-Meditierenden verglichen wurde, ergaben, dass der Inselcortex der rechten Hirnhälfte bei Meditierenden dicker ist bzw. eine größere Dichte der Nervenzellen aufweist (Hölzel et al., 2008; Lazar et al., 2005). In diesen Studien handelte es sich bei den Untersuchten um Meditierende der *Vipassana*-Tradition, die mit der Aufmerksamkeit systematisch den Körper durchwandern (*body scan*, siehe unten). Die Autoren vermuten, dass das regelmäßige Üben zu einem Wachstum der Nervenzellen geführt haben könnte. Allerdings könnten die Unterschiede auch schon vor Aufnahme der Meditationspraxis bestanden haben, so dass der Nachweis eines kausalen Zusammenhangs zwischen Übung und Nervenwachstum in dieser Region künftigen Längsschnittsstudien vorbehalten bleibt.

Die Möglichkeit einer erweiterten Wahrnehmung von Körperempfindungen durch systematisches Training im Zuge der Meditationspraxis hat weitreichende Konsequenzen, denn ein verfeinertes emotionales Gespür wirkt sich auch auf Denk- und Entscheidungsprozesse aus.

Das Ideal einer rationalen Entscheidungsfindung, bei der alle bekannten Faktoren und möglichen Konsequenzen der verfügbaren Alternativen sorgsam gegeneinander abgewogen werden, um schließlich die beste auszuwählen, dieses Ideal dürfte in der realen Welt eher die Ausnahme als die Regel sein. Komplexität, fehlende Informationen und Zeitdruck lassen eine vollständige Analyse der Lage und der potentiellen Auswirkungen einer Entscheidung oft nicht zu. Die meisten und gerade auch sehr wichtige Entscheidungen werden daher intuitiv, »aus dem Bauch heraus« getroffen (Zeuch, 2010).

Erst in den letzten Jahren hat sich die Forschung in Zusammenhang mit der Management-Ausbildung näher mit der intuitiven Entscheidungsfindung befasst und mit der Möglichkeit, Intuition gezielt zu trainieren (Sadler-Smith & Shefy, 2007). Obwohl die neurowissenschaftliche Grundlagenforschung zu intuitiven Denkprozessen noch in den Kinderschuhen steckt, zeichnet sich ab, dass Körpersignale dabei eine wichtige Rolle spielen könnten. Die Theorie der »somatischen Marker« von Damásio (1999, 2002) besagt, dass Änderungen des körperlichen Erregungsniveaus einen wichtigen Einfluss auf das Verhalten ausüben, indem sie uns signalisieren, ob eine Handlung mit großen Risiken behaftet ist. Damásio konnte in Gewinnspiel-Experimenten zeigen, dass Personen, die Warnsignale aus dem Körper nicht berücksichtigen, Risiken eingehen, die mit hohen Verlusten verbunden sind.

Umgekehrt wird die Beachtung körperlicher Signale als Teil der emotionalen Intelligenz betrachtet und als wichtiger Baustein bei der Entwicklung intuitiver Kompetenzen (Sadler-Smith & Shefy, 2007; Zeuch, 2010). Meditationstechniken, die die Bewusstheit von Körperempfindungen steigern, sind anscheinend in der Lage, die emotionale Klarheit zu erhöhen (Nielsen & Kaszniak, 2006; Zeidler, 2007).

Eine wichtige Zielsetzung der Meditation besteht darin, die vernachlässigte Körperwahrnehmung zu verbessern, damit einen Zugang zur »Weisheit des Körpers« zu eröffnen (Kabat-Zinn, 2006) und zu lernen, Gefühlen, Intuitionen und dem eigenen Gespür für Situationen und andere Menschen mehr zu vertrauen. Ein verstärktes »Selbstvertrauen« ist eine typische Auswirkung tiefer Meditation. Praktizierende berichten, dass sie bei tiefen Meditationserfahrungen zu sich kommen und ihre innere Mitte (wieder) finden (Müller, 1997). Dieser Aspekt wird im nächsten Abschnitt beleuchtet.

Identität: gespürt – gespiegelt – gedacht

Das Körpergefühl ist ein zentrales Element des eigenen Selbstbewusstseins und ein wichtiger Bezugspunkt unserer Ich-Identität. Die Überschrift dieses Abschnitts weist jedoch bereits darauf hin, dass unsere Identität weitere Facetten beinhaltet, die ebenfalls einen großen Stellenwert einnehmen.

Eine Antwort auf die Frage »Wer bin ich?« kann lauten: Ich bin dieser Körper. Normalerweise identifizieren wir uns mit unserem physischen Leib, erkennen unsere äußere Gestalt leicht auf Fotografien und identifizieren uns damit: »Das bin ich!« Der Körper gehorcht unserem Willen, wir können ihn frei bewegen und uns selbst zwicken, um uns seiner Wirklichkeit zu vergewissern. Die Empfindungen und Gefühle aus dem Körper liefern einen steten und relativ stabilen Hintergrund für unsere bewussten Erfahrungen im Wachzustand (ein »Proto-Selbst« oder »Kernbewusstsein«; Damásio, 2002).

Der Mensch ist jedoch nicht nur ein individueller biologischer Organismus, sondern vor allem auch ein soziales Wesen, das in einem Beziehungsgefüge lebt. Die sozialen Rollen, die wir im Lauf unseres Lebens einnehmen, werden ebenfalls Teil unserer Identität und Selbst-Definition als Kinder, Eltern, Partner, Berufstätige in bestimmten Funktionen etc. Ein großer Teil unserer Identität besteht aus solchen sozialen Rollen, aus dem, was andere uns als ihre Sicht von uns spiegeln.

Für die Steuerung unserer Handlungen sind Spiegelungsprozesse von grundlegender Bedeutung, bei denen wir die Erwartungen der anderen an uns und ihre Reaktionen auf unser Verhalten innerlich vorwegnehmen. Und auch unser körperliches Selbstwertgefühl kann von sozialen Urteilen und Rückmeldungen aus der Umwelt stark beeinflusst werden. So bildet sich neben dem innerlich gespürten Selbst ein gespiegeltes »Image«, das wir pflegen und schützen, um nicht unser Ansehen, unser Gesicht zu verlieren.

Das begriffliche Denken schließlich basiert auf grammatikalischen Strukturen, in denen wir als Subjekt, als »Ich« eine zentrale Position einnehmen. Das Denken kreist meist um die eigene Person, die fühlt, wahrnimmt, sich an vergangene Situationen erinnert, die Zukunft plant. Ich lese, ich denke nach und bilde Urteile, inwiefern das Geschriebene mit meiner Wahrnehmung von mir selbst und meiner Umwelt übereinstimmt. Die Satzstruktur von Subjekt, Prädikat und Objekt beinhaltet die Grundannahme eines Ichs, das Erfahrungen macht, Absichten verfolgt und Handlungen initiiert, um auf die Umwelt Einfluss zu nehmen. In den Kapiteln über das Denken und Sein wird darauf eingegangen, inwiefern es sich dabei um eine Konstruktion bzw. Fiktion handelt, um eine bestimmte Art des Daseins in der Welt neben anderen, die weniger egozentrisch ausgerichtet sind.

Meditation ist darauf gerichtet, sich die einzelnen Facetten der eigenen Identität bewusst zu machen. In diesem Kapitel geht es vorrangig darum, den Körper und die eigenen Gefühle klarer wahrzunehmen. Dies trägt zu einem stabilen Selbstbewusstsein bei, zu mehr Autonomie und Authentizität. Sie können mittels Meditation lernen, sich zu zentrieren und sich weniger leicht in sozialen Zwängen und Automatismen zu verlieren, wenn Sie anderen Menschen begegnen.

Die Leitfragen hierbei sind: Wer bin ich? Was ist jetzt? Was will ich wirklich? Wenn Sie erkennen, wer Sie sind, zu sich kommen und Ihre innere Mitte finden, können Sie beginnen, selbstbestimmter zu leben und Diskrepanzen zwischen Ihrem Wollen und tatsächlichen Tun zu reduzieren.

Doch wie lässt sich das wissenschaftlich untersuchen? Die Erforschung der einzelnen Facetten der Identität und ihrer Veränderung durch Meditation steht zwar noch am Anfang, aber es gibt bereits erste vielversprechende Studien. So nutzten Farb et al. (2007) zwei verschiedene Bedingungen, um verschiedene Formen des Selbstbezugs voneinander abzugrenzen. In einer Bedingung wurden den Probanden verschiedene Eigenschaftswörter präsentiert, und sie sollten angeben, inwiefern diese auf sie selbst zutreffen. In der zweiten Bedingung wurden die Probanden instruiert, ihr gegenwärtiges Empfinden wahrzunehmen. Die beiden Aufgaben führten jeweils zu unterschiedlichen Aktivierungsmustern im Gehirn. Wenn die Probanden sich als Person beurteilen sollten, nahm die Aktivität im mittleren vorderen Cortex zu, wohingegen die Wahrnehmung des Befindens unter anderem mit einer Aktivierung im rechten Inselcortex verbunden war. Nach einem achtwöchigen Kurs in Achtsamkeitsmeditation zeigte sich dort bei den Teilnehmern eine verstärkte Aktivierung, wenn sie ihre Empfindungen fokussierten. Die Aktivität im mittleren vorderen Cortex wurde dabei zugleich stärker gedämpft als in der Kontrollgruppe. Die Autoren interpretieren dies als ein durch das Training gesteigertes Vermögen, die verschiedenen Aspekte der Selbstwahrnehmung klarer voneinander zu trennen und das momentane Befinden besser abzurufen.

Weitere neurowissenschaftliche Studien haben sich mit der Möglichkeit befasst, mittels Meditation Reaktionsmuster auf Stress zu verändern und positive Gefühle anderen gegenüber zu entwickeln. Diese werden im nächsten Abschnitt vorgestellt.

Formbarkeit emotionaler Schaltkreise

In der biologisch orientierten Persönlichkeitsforschung zeigt sich, dass viele Aspekte unseres Temperaments einem starken genetischen Einfluss unterliegen. Unterschiedliche Anlagen und die darauf aufbauende Lerngeschichte der Kindheit und Jugend führen zur Ausbildung typischer emotionaler Reaktionsmuster, die zwischen Personen erheblich variieren. Die Art und Weise, wie mit Situationen umgegangen wird, ist individuell höchst verschieden. Jeder Mensch hat seinen eigenen »affektiven Stil«, seine Art und Weise, sich zu freuen, zu ärgern und auf Belastungen mit Angst, Trauer oder Wut zu reagieren.

Nicht nur die Intensität, auch die Dauer einer emotionalen Reaktion kann sehr unterschiedlich ausfallen. In den letzten Jahren hat sich die Forschung vermehrt mit der Frage beschäftigt, inwiefern wir in der Lage sind, unsere eigenen Emotionen zu regulieren (Ochsner & Gross, 2008). Dabei zeigt sich, dass die emotionalen Schaltkreise im Gehirn im Erwachsenenalter keineswegs fixiert sind, sondern ein hohes Ausmaß an Formbarkeit *(Neuroplastizität)* aufweisen. Für die psychotherapeutische Behandlung von Depressionen, Ängsten und anderen psychischen Störungen ist dies von grundlegender Bedeutung (Davidson, 2000).

Neben der Aufmerksamkeitssteuerung ist die Emotionsregulation ein zentraler Aspekt des Meditationstrainings. Emotionen der Trauer, Angst oder Wut entwickeln sich insbesondere dann zu psychischen Störungen, wenn die primären Gefühle durch Bewertungsprozesse weiter verstärkt werden und es so zu einer Aufschaukelung kommt, bei der Grübeln und Selbstvorwürfe die Traurigkeit zur Depression steigern oder auf körperliche Angstsymptome mit verstärkter Angst und Katastrophenerwartungen reagiert wird.

Bei der Achtsamkeitsmeditation werden solche Reaktionsschleifen unterbrochen, indem sekundäre Bewertungen unterbleiben. Stattdessen werden die körperlichen Empfindungen mit einer Haltung des Gleichmuts kontinuierlich wahrgenommen und akzeptiert, so wie sie sind. Auf diese Weise werden Stressreaktionen weder unterdrückt noch verstärkt und klingen nach einiger Zeit von selbst wieder ab.

Diese Art des veränderten Umgangs mit Belastungen scheint positive Auswirkungen auf das Gehirn zu haben. In zwei Studien wurde belegt, dass Meditierende mehr graue Substanz (Hirnzellen) im *Hippocampus* aufweisen als Kontrollpersonen (Hölzel et al., 2008; Luders et al., 2009). Es ist bekannt, dass ein hoher Stresspegel sich negativ auf das neuronale Wachstum in dieser Hirnregion auswirkt. Meditierende sind anscheinend besser in der Lage, ihr vegetatives Erregungsniveau zu senken (Entspannung) und in belastenden Situationen Ruhe und Gelassenheit zu bewahren.

Der Hippocampus spielt als Teil des *limbischen Systems* eine wichtige Rolle bei der Beurteilung von Situationen und der emotionalen Reaktivität. Die strukturellen Unterschiede in dieser Region könnten einen Zuwachs an Kompetenz widerspiegeln, Situationen differenziert wahrzunehmen und die Erregung des vegetativen Nervensystems zu kontrollieren.

Der *orbitofrontale* Cortex ist eine weitere Struktur, die in diesem Zusammenhang relevant ist. In den beiden genannten Studien wiesen auch hier die Meditierenden mehr graue Substanz auf als die Kontrollpersonen. In der Studie von Hölzel et al. (2008) war die Dichte der Nervenzellen dort umso höher, je länger die Meditationspraxis andauerte. Diese Region wird mit dem Umlernen von emotionalen Reaktionen in Verbindung gebracht. Unangenehme Situationen lösen oft automatisch stereotype Reaktionsmuster aus. Das Erlernen neuer Verhaltensweisen, beispielsweise im Rahmen einer Psychotherapie, geht mit einer Aktivierung des orbitofrontalen Cortex einher (Schienle & Schäfer, 2006). Durch eine Hemmung automatischer Reaktionen eröffnet sich die Möglichkeit, das eigene Erleben zu reflektieren und Verhaltensalternativen zu prüfen, was für einen flexiblen und angemessenen Umgang mit der jeweiligen Situation eine wichtige Voraussetzung darstellt.

Wie oben bereits erwähnt, ist nicht auszuschließen, dass die Unterschiede bereits vor dem Training bestanden haben und dadurch zustande kommen, dass Personen mit mehr Nervenzellen in den entsprechenden Regionen eher mit der Meditation beginnen. Die erste Längsschnittstudie, in der Personen vor und nach einem Meditationskurs untersucht wurden, belegte Veränderungen im rechten *Mandelkern* (Hölzel et al., 2010). Diese Hirnstruktur ist insbesondere dann aktiv, wenn Reize verarbeitet werden, die Angst auslösen. Die Studie ergab, dass ein Abbau des Stresspegels mit einer Abnahme der Nervenzellendichte im rechten Mandelkern verbunden war, was als Konsequenz der geringeren Aktivierung interpretiert wurde. In den oben genannten Strukturen fand sich keine Zunahme der Nervenzellen, was auf die kurze Dauer des achtwöchigen Kurses zurückzuführen sein könnte. Studien zu Veränderungen der Hirnstruktur durch Meditation, die einen längeren Zeitraum umfassen, stehen bisher noch aus.

Die Emotionsregulation mittels Meditation beschränkt sich nicht auf den veränderten Umgang mit Trauer, Angst und Ärger, sondern beinhaltet darüber hinaus auch die Kultivierung von Mitgefühl und liebevoller Güte (engl.: *compassion* und *loving kindness*). Im Folgenden werden einige Studien vorgestellt, die die Auswirkungen eines solchen Trainings auf Hirnfunktionen und Gesundheit illustrieren.

Eine experimentelle Untersuchung von Lutz et al. (2008 b) nutzte affektive Geräusche, um Reaktionen des Mitgefühls bei Meditierenden und bei einer Kontrollgruppe auszulösen. Lautäußerungen, die bei Mitmenschen typischerweise Impulse zur Zuwendung, Fürsorge und Hilfe auslösen (Weinen, Schreien), aktivierten die entsprechenden Hirnregionen stärker bei Meditierenden. Die Aktivierungen waren besonders stark, wenn die Meditierenden angaben, dass es ihnen gelang, während der Meditation eine Haltung liebevollen Mitgefühls zu realisieren.

In einer Anschlussstudie konnten Lutz et al. (2009) zeigen, dass bei den Meditierenden während der Mitgefühlsmeditation eine verstärkte Kopplung zwischen der Aktivität im Inselcortex und der Herzaktivität bestand. Auch im *somatosensorischen* Cortex war die Aktivität bei den erfahrenen Meditierenden höher, was die Autoren als Hinweis darauf deuten, dass bei der Einfühlung in andere die eigenen Körpergefühle eine wichtige Rolle spielen. Die Meditierenden waren offenbar besser dazu in der Lage, die Emotionen der Personen in sich selbst nachzuvollziehen und entsprechende körperliche Reaktionen hervorzurufen.

Die Kultivierung einer positiven, mitfühlenden Haltung anderen gegenüber wirkt sich auch auf das Immunsystem aus. Bereits nach einem sechswöchigem Training in Mitgefühlsmeditation veränderte sich bei den Teilnehmern die emotionale und physiologische Reaktion auf einen standardisierten sozialen Stresstest, bei dem vor Publikum ein Vortrag zu halten ist (Pace et al., 2009). Jene Teilnehmer, die häufiger meditiert hatten, zeigten verminderte Stressreaktionen auf der eingesetzten Fragebogenskala und bei der Konzentration eines *Immun-Markers* im Blutplasma *(Interleukin-6)*.

Eine innere Haltung der Wertschätzung und Güte anderen gegenüber fördert die soziale Verbundenheit und reduziert Gefühle der Isolation. Hutcherson et al. (2008) fanden in einer Laborstudie heraus, dass bereits eine Übung in liebevoller Güte von nur wenigen Minuten Dauer die Verbundenheit zu unbekannten Personen steigerte und Gefühle der Fremdheit und des Misstrauens reduzierte. In der sorgfältig zusammengestellten Kontrollgruppe hatte eine neutrale Imaginationsübung gleicher Dauer keinen derartigen Effekt. Die Autoren betonen die Notwendigkeit weiterer Studien, um zu untersuchen, wie lange solche Trainingseffekte anhalten und wie sie sich auf die soziale Verbundenheit und prosoziales Verhalten im Alltag auswirken.

In der zwischenmenschlichen Kommunikation allgemein und in zahlreichen sozialen Berufen sind Einfühlungsvermögen und Wohlwollen anderen gegenüber von großer Wichtigkeit. Insbesondere Psychotherapeuten benötigen ein hohes Maß an Empathie. In ihrem Buch *Achtsamkeit des Psychotherapeuten* gehen Grepmair und Nickel (2007) ausführlich auf diese Thematik ein und berichten von einer Studie, in der ein Teil der Psychotherapeuten einer Klinik in Meditation unterwiesen wurde. Die Patienten hatten keine Kenntnis davon, welche Therapeuten Meditation praktizierten. Die Patienten der meditierenden Therapeuten zeigten anschließend einen größeren Fortschritt in der Therapie als die der Nicht-Meditierenden. Offenbar kann Meditation dienlich sein, die emotionale Klarheit und Empathie zu steigern und so den psychotherapeutischen Prozess zu unterstützen.

Auch wenn Sie selbst nicht als Therapeut arbeiten, können Sie Meditation nutzen, um Ihr Einfühlungsvermögen zu steigern und sich selbst und anderen gegenüber heilsame Haltungen zu entwickeln. Nach dieser langen Vorstellung von wissenschaftlichen Befunden ist es nun an Ihnen, mit entsprechenden Techniken zu experimentieren und die Auswirkungen auf Ihr Befinden und Ihr Zusammenleben mit anderen zu erkunden.

Meditationsübungen

Die Übungen in diesem Praxisteil sind von zweierlei Art. Zunächst folgen Übungen, die auf einen emotionalen Klärungsprozess abzielen. Sie dienen dazu, die Wahrnehmung von Körpergefühlen zu steigern und diesen mit Akzeptanz und Gleichmut zu begegnen. Auf diese Weise schaffen Sie die Voraussetzung für die anschließenden Meditationsübungen, die darauf ausgerichtet sind, bestimmte positive Haltungen und Gefühle zu entwickeln.

Dem Körper lauschen

Jedes Mal, wenn Sie sich zur Meditation hingesetzt haben, lassen Sie sich zunächst etwas Zeit, bevor Sie mit einer bestimmten Technik wie beispielsweise dem Zählen der

Atemzüge beginnen. Lösen Sie sich von der Vorstellung, dass Sie irgendetwas aktiv machen müssten, um »richtig« zu meditieren. Die Umschaltung von einem Macher-Modus zu einem Modus der Anschauung und Bewusstwerdung erfordert ein Loslassen und Öffnen. Sobald Sie die Körperhaltung eingenommen und die Augen geschlossen haben, richten Sie Ihre Aufmerksamkeit auf den Körper und nehmen wahr, was Sie in diesem Augenblick empfinden. Wie gut fühlen Sie sich, was fühlen Sie – jetzt? Was geht in Ihnen vor? Wo nehmen Sie sich wahr? Im Kopf, in den Gliedmaßen, im Rumpf? Welche Teile Ihres Leibes sind präsent? Welche Empfindungen drängen in den Vordergrund, und wie lange halten diese an? Beobachten Sie die Dynamik des inneren Geschehens, die Fluktuationen, die permanente Veränderung, das Entstehen und Vergehen von Empfindungen, das gänzlich ohne Ihr Zutun abläuft.

Sie brauchen nichts zu tun, außer sich den vorhandenen Empfindungen und Körpergefühlen zu öffnen und diese anzunehmen, wie sie sind. Nehmen Sie dabei die passive Haltung eines Zuhörers ein, der mit großem Interesse einem Konzert lauscht. Leeren Sie die innere Bühne, und lassen Sie einzelne Empfindungen und Gefühle aus dem Hintergrund hervortreten wie Instrumente eines Orchesters oder Stimmen eines Chores. Das können Druckempfindungen sein, Berührungen durch die Kleidung oder die Sitzfläche, Wärme oder Kühle auf der Haut oder im Innern des Körpers, Muskelspannungen, ein Jucken, ein Kribbeln oder Ähnliches. Beobachten Sie, welche Empfindungen auf der inneren Bühne auftauchen, in das Scheinwerferlicht der Aufmerksamkeit treten und dann wieder anderen Platz machen.

Achten Sie darauf, bei den primären Sinnesempfindungen zu bleiben, ohne diese zu bewerten oder weiter darüber nachzudenken. Versuchen Sie, weder angenehme Empfindungen auszudehnen noch unangenehme Empfindungen zu verkürzen. Sollte beispielsweise ein Jucken auftauchen, dann reagieren Sie nicht sofort mit Ärger und Kratzen, sondern warten Sie ab, ob der Impuls nicht schon bald ganz von selbst wieder verschwindet. Bleiben Sie gelassen und gleichmütig, selbst wenn intensive Gefühle aufsteigen sollten. Bleiben Sie mit Ihrer Aufmerksamkeit kontinuierlich bei den körperlichen Empfindungen des gegenwärtigen Moments. Fragen Sie sich immer wieder erneut: »Was ist jetzt?«

Wenn Sie merken, dass Sie gedanklich abschweifen, können Sie die jeweilige Empfindung benennen (engl. *labeling*), um den Gedankenapparat zu beschäftigen und an der Aufgabe zu beteiligen. Verfolgen Sie aufmerksam den Strom von Empfindungen, ohne eine bestimmte Körperregion zu bevorzugen. Versuchen Sie stattdessen, den Fokus der Aufmerksamkeit möglichst weit zu stellen und den gesamten inneren Erfahrungsraum zu erfassen, den Ihr Körper bildet.

Wie punktuell, örtlich umschrieben und konkret sind die jeweiligen Empfindungen? Meditierende berichten häufig, dass sie in vertiefter Meditation den Körper eher als ein Energiefeld wahrnehmen (siehe Einführungskapitel). Wenn Sie den Körper als Ganzes in den Blick nehmen, wie verbunden fühlen sich die Körperregionen an? Gibt es bestimmte Regionen, die Ihnen bewusster sind als andere? Nehmen Sie die gesamte Gestalt Ihres Leibes wahr, fühlen Sie sich selbst als lebendiges Wesen, und nehmen Sie sich an, so wie Sie in diesem Moment sind. Falls Ihnen dies schwerfallen sollte, dann können Sie die Haltung der Selbstakzeptanz unterstützen, indem Sie innerlich sagen

»Ich bin dieser Leib«, »Ja – dies bin ich«, »Ich bin, der ich bin« oder einen anderen Satz, der für Sie ausdrückt, dass Sie Ihren Leib als Ausdruck Ihres physischen Daseins annehmen.

●

Wenn Sie sich bisher nur wenig mit Ihrem Körper beschäftigt haben und diese Übung praktizieren, kann es vorkommen, dass Sie ungewohnte Erfahrungen machen, beispielsweise Ihren Herzschlag hören, oder dass Erinnerungen an frühere körperliche und seelische Verletzungen auftauchen. Lassen Sie sich davon nicht beunruhigen. Durch die Öffnung und Aufmerksamkeitszuwendung senken Sie die Schwelle für die Bewusstwerdung. Vertrauen Sie der Weisheit Ihres Körpers, und behalten Sie die Haltung eines aufmerksamen Zuhörers bei. Sie können dadurch wichtige Einsichten über sich selbst gewinnen und lernen, früher auf Signale des Körpers zu reagieren, um Ihr Wohlbefinden zu steigern und Krankheiten vorzubeugen.

Body-Scan: systematische Erkundung des Leibes

Wenn es Ihnen schwerfällt, die Aufmerksamkeit weit und offen gegenüber allen Empfindungen aus dem Körper zu halten, dann üben Sie zunächst, mit fokussierter Aufmerksamkeit systematisch durch den Körper zu wandern. Bündeln Sie Ihre Aufmerksamkeit wie den Strahl einer Taschenlampe, und durchleuchten Sie damit nacheinander die einzelnen Körperregionen.

Beginnen Sie beispielsweise mit jener Region, die am weitesten von Ihrem Kopf entfernt ist: den Zehen des linken oder rechten Fußes. Den großen Zeh können Sie vermutlich einigermaßen wahrnehmen; bleiben Sie mindestens einen Atemzug dabei, und gehen Sie dann die weiteren Zehen entlang bis zum kleinen Zeh. Wenn Sie gar nichts spüren können, genügt eine kleine Bewegung, um Empfindungen auszulösen und das innere Abbild der Zehen aufzufrischen. Außerdem können Sie den jeweiligen Zeh innerlich benennen, um die Fokussierung zu steigern. Was genau spüren Sie? Berührungen, eine Temperaturempfindung?

Wandern Sie nun allmählich auf der Unterseite des Fußes entlang, den Sie ausgewählt haben. Spüren Sie die Zehenballen, die Fußsohle und Ferse. Nehmen Sie sich wiederum für jede Region mindestens einen Atemzug Zeit – Sie müssen sich nicht hetzen! Bleiben Sie jeweils so lange dabei, bis Sie den Eindruck haben, dass Sie die maximale Bewusstheit erreicht haben, die Ihnen zum gegenwärtigen Zeitpunkt möglich ist. Erst dann verschieben Sie den Fokus ein Stückchen weiter und erhellen die unmittelbar anschließende Region. Wandern Sie anschließend von den Zehen aus auf dem Fußrücken entlang bis zum Fußgelenk. Spüren Sie die Knöchel auf der Innenseite und Außenseite? Wenn Sie dort angekommen sind, nehmen Sie noch einmal den gesamten Fuß wahr, bevor Sie das Bein hinaufwandern.

Gehen Sie mit dem Scheinwerfer der Aufmerksamkeit langsam weiter, begleitet und getragen von ruhigem Atmen. Wie differenziert können Sie Schienbein und Wade wahrnehmen, was spüren Sie im Knie, Oberschenkel und Hüftgelenk? Gehen Sie schrittweise vor, wie beim Fuß beschrieben. Und wenn Sie am Ende des Oberschenkels angekommen sind, nehmen Sie wiederum das Bein nebst Fuß insgesamt wahr. Wie bewusst ist Ihnen nun das Bein der gewählten Seite? Erfassen Sie, wie es daliegt, sein Gewicht, wo es aufliegt, wie es sich innerlich anfühlt. Lassen Sie mit einigen Atemzügen beim Ausatmen alle Spannungen aus dem Bein fließen, bevor Sie sich in gleicher Weise dem Fuß und Bein der anderen Seite widmen.

Vergleichen Sie zunächst noch einmal die beiden Seiten. Hinterlässt die Übung eine Nachwirkung? Bleibt etwas von der Präsenz und Bewusstheit im durchleuchteten Bein zurück – ist die Wahrnehmung des bisher nicht beachteten Beins dunkler, unschärfer, diffuser? Gehen Sie nun zum großen Zeh des andern Fußes, und nehmen Sie sich genauso viel Zeit wie für die Seite, mit der Sie begonnen hatten. Wenn Sie schließlich wiederum an der Hüfte angekommen sind, dann nehmen Sie erst dieses Bein insgesamt und dann beide Beine und Füße zusammen in den Blick. Gehen Sie noch einmal im Schnelldurchlauf symmetrisch auf beiden Seiten parallel von den Zehen über die Fußgelenke und Knie hinauf bis zur Hüfte. Spüren Sie die Verbindung der beiden Beine über das Becken und das Gesäß.

Nach den unteren Gliedmaßen werden als Nächstes die Hände und Arme durchwandert. Beginnen Sie wie bei den Füßen mit einer Seite. Gehen Sie die einzelnen Finger vom Daumen bis zum kleinen Finger durch – das wird Ihnen vermutlich leichter fallen als bei den Zehen! Versuchen Sie die Finger möglichst wahrzunehmen, ohne sie zu bewegen. Dann geht es weiter mit Handfläche, Handrücken, Handgelenk, Unterarm, Ellenbogen, Oberarm und Schultergelenk. Erst eine Seite, dann die gegenüberliegende und schließlich zum Abschluss noch einmal beiden Seiten zusammen mit ihrer Verbindung über die Schulterblätter auf der Rückseite und den Schlüsselbeinen auf der Vorderseite des Rumpfes.

Lassen Sie die Arme so locker wie möglich hängen und entspannen Sie wiederum mit dem Ausatmen Arme, Schultern und Nacken. Oft sind die Schultern permanent etwas hochgezogen und es dauert eine Weile, bis sie ganz herabsinken. Arme und Beine sollten sich nun entspannt anfühlen. Spüren Sie Ihre vier Gliedmaßen und wie diese am Becken und Schultergürtel befestigt sind. Spüren Sie die Längsachse Ihres Körpers, die Wirbelsäule, die vom Steißbein hinauf bis zum Schädelansatz reicht.

Als Nächstes wandern Sie mit der Aufmerksamkeit vom Hals aus hinauf zum Kinn und dann die Mittellinie entlang über Unterlippe, Oberlippe, Zunge, Gaumen, Nase und Stirn bis zum Scheitelpunkt des Kopfes. Nehmen Sie die Empfindungen in den Gesichtspartien war. Wie fühlt sich Ihr Gesicht von innen an? Sind Muskeln angespannt, haben Sie eine bestimmte Miene aufgesetzt oder das Gefühl, eine Maske zu tragen? Entspannen Sie Ihre Gesichtszüge, lassen Sie Ihre Stirn glatt werden.

Gehen Sie nun wiederum auf eine Seite des Kopfes. Nehmen Sie die Wange, das Auge, die Augenbraue, die Schläfe und das Ohr wahr. Spüren Sie die Aktivierung der Wahrnehmungen, die mit Auge und Ohr verknüpft sind. Wiederholen Sie dieselbe Übung für die andere Seite und dann gleichzeitig für beide Seiten gemeinsam. Sehen Sie in die Dunkelheit der geschlossenen Augen, hören Sie die Stille des Raumes, in dem Sie sich aufhalten, riechen Sie die Atemluft, und spüren Sie den Geschmack in Ihrem Mund. Das Gesicht und die genannten Sinnesorgane gleichen Magneten der Aufmerksamkeit, auf die Sie sich besonders leicht konzentrieren können. Als letzte Übung in dieser Region versuchen Sie, das Innere des Kopfes wahrzunehmen. Spüren Sie in den Raum hinter den Augen, zwischen den Ohren, unter der Schädeldecke hinein. Können Sie dort etwas wahrnehmen?

Nach der eingehenden Beschäftigung mit dem Kopf öffnen Sie Ihre Wahrnehmung nun wieder zum gesamten Körper hin. Folgen Sie dem Atem hinunter in den Brust- und Bauchraum. Verankern Sie Ihre Aufmerksamkeit im Bauch, und erhöhen Sie dann zusätzlich die Bewusstheit Ihrer Hände und Füße und Ihres Kopfes. Versuchen Sie Ihren Körper als Ganzes ins Bewusstsein treten zu lassen, ganz bei sich zu sein, eins mit Ihrem Leib. Mit der Zeit und wiederholter Übung wird es Ihnen immer besser gelingen, den Körper als Ganzes und als Einheit wahrzunehmen, sich darin zu Hause und wohl zu fühlen. Bei der Mini-Meditation am Ende des Kapitels zum Atmen wird es Ihnen bei Stufe 1 (Gewahrsein) und 3 (Ausdehnen) schon bald sehr viel besser gelingen, die Körperempfindungen und den Körperinnenraum als Ganzes zu erspüren.

Höchstwahrscheinlich haben Sie ganz automatisch schon beim Lesen die vorstehenden Übungsanweisungen innerlich nachvollzogen. Versuchen Sie nun, diese noch einmal mit geschlossenen Augen auszuführen. Ihre Aufmerksamkeit sollte dafür durch die Atemachtsamkeitsübungen des vorhergehenden Kapitels hinreichend geschult sein, um den Faden nicht oder jedenfalls nicht allzu oft und für längere Zeitspannen zu verlieren. Den Body-Scan können Sie auch mit einer gesprochenen Anleitung praktizieren. Dabei ist die Gefahr abzudriften reduziert, weil Sie immer wieder durch die Stimme zurückgeholt werden. Allerdings bringt diese Außensteuerung eine Abhängigkeit mit sich, die dem Ideal der Selbstregulation zuwiderläuft. Die Reihenfolge der Regionen und das Timing werden starr vorgegeben, und Sie haben nicht die Möglichkeit, Ihre innere Landkarte im selbstbestimmten Tempo zu durchwandern, also bei einigen Regionen länger oder kürzer zu verweilen, wenn Sie das möchten. Sollten Sie dennoch zum Einstieg mit einer Ansage üben wollen, dann finden Sie auf der Website zum Buch eine entsprechende Audio-Datei (MP3) mit einer gesprochenen Anleitung des Verfassers sowie Links und Informationen zu weiteren Anleitungen im Internet und auf kommerziell vertriebenen CDs.

Eine Körperregion als »Anker«

Beim Wandern mit der Aufmerksamkeit durch den Körper in der vorhergehenden Übung haben Sie sicherlich bemerkt, dass einige Regionen leichter und differenzierter wahrnehmbar sind als andere. Das liegt an der unterschiedlichen Dichte sensibler Nervenfasern. Füße und Hände sind als Kontaktflächen mit dem Boden und für die Handhabung von Gegenständen besonders gut innerviert. Die großen Hautoberflächen der Beine, der Arme und des Rückens sind dagegen viel spärlicher mit Nervenendigungen versorgt und dementsprechend weniger gut zu spüren.

Ebenfalls sehr gut innerviert und entsprechend großflächig im sensorischen Rindenfeld repräsentiert sind Lippen und Zunge, weil sie bei der Aufnahme und Zerkleinerung von Nahrung ein gutes Tastvermögen benötigen – ganz zu schweigen von der Lautbildung beim Sprechen und vom Küssen. Obwohl es daher sehr leicht ist, sich auf Lippen, Zunge und Gaumen zu konzentrieren, wird diese Region bei der Meditation kaum als »Anker« für die Aufmerksamkeit verwendet. Dies könnte daran liegen, dass die Tätigkeiten, die mit der Mundregion verbunden sind, eher als Ablenkung erfahren werden, wenn einem bei dem Gedanken ans Essen beispielsweise das Wasser im Mund zusammenläuft. Wie empfinden Sie das? Schließen Sie die Augen, legen Sie die Zunge oben an den Gaumen, und spüren Sie, wie die Lippen aufeinanderliegen. Wäre dies für Sie ein geeignetes Meditationsobjekt?

Für die stille Sitzmeditation werden häufig die Hände als »Anker« der Aufmerksamkeit benutzt. Normalerweise liegen die Hände auf den Knien bzw. Oberschenkeln oder sind vor dem Bauch ineinandergelegt. Sie können zusätzlich eine bestimmte Handhaltung wählen, um die Aufmerksamkeit zu steigern. Im Zen werden die Handflächen oft vor dem Bauch so ineinandergelegt, dass sich die Spitzen der Daumen berühren. Im Yoga werden solche Handhaltungen als *Mudras* bezeichnet. Hier ist jene Haltung oft anzutreffen, bei der die Handrücken auf den Knien liegen, Daumen und Zeigefinger bilden einen Ring und die übrigen drei Finger sind ausgestreckt. Eine weitere Variante, um die Wahrnehmung zu intensivieren, besteht darin, die Handflächen vor der Brust in Herzhöhe aufeinanderzulegen. Bei dieser Haltung, die für das christliche Beten typisch ist, entsteht ein Gefühl von Wärme zwischen den Handflächen, und die Empfindungen des Berührens und Berührtwerdens der linken und rechten Handfläche verschmelzen nach kurzer Zeit zu einem einheitlichen Gesamteindruck.

Experimentieren Sie einige Zeit mit den beschriebenen Handhaltungen. Achten Sie dabei darauf, dass Ihre Schultern möglichst entspannt bleiben. Lösen Sie sich von Bewertungen und Vorurteilen, die Sie möglicherweise mit den traditionellen Handhaltungen verbinden. Konzentrieren Sie sich stattdessen auf Ihre konkreten Empfindungen und auf Veränderungen in der Fokussierung der Aufmerksamkeit und im Körperausdruck durch die jeweilige Handhaltung.

Was verändert sich, wenn Sie die Handflächen nach unten gedreht auf die Knie legen oder wenn Sie sie nach oben drehen? Was fühlt sich stabiler an nach einem In-sich-gekehrt-Sein, nach einem abgeschlossenen In-sich-Ruhen, was nach mehr Offenheit, nach einem Austausch mit dem

Außen? Erhöht sich die Konzentration durch die oben beschriebene Mudra, jene Geste, die oft im Alltag verwendet wird, wenn etwas erklärt und auf den Punkt gebracht werden soll? Dort, wo sich die Hände befinden, tritt die jeweilige Körperregion stärker in das Bewusstsein. Die Hände vor dem Bauch erleichtern es, sich in den unteren Bauchraum (jap. *Hara*) zu versenken. Das Falten der Hände vor der Brust erleichtert die innere Sammlung in der Herzregion und drückt zugleich Ehrehrbietung aus (siehe nächster Abschnitt).

●

Wenn Sie für längere Zeit in einer bestimmten Haltung verharren und die sensorischen Rückmeldungen abnehmen, kann es leicht geschehen, dass Sie Ihre Handhaltung nicht mehr genau erfassen können. Vielleicht haben Sie sogar den Eindruck, dass Ihre Hände sich in einer ganz anderen Haltung befinden, als dies tatsächlich der Fall ist. Das ist kein Grund zur Besorgnis – sobald Sie eine kleine Bewegung ausführen, wird die Repräsentation sofort aktualisiert und wieder an die reale Situation angepasst.

Durch die Verankerung Ihres Bewusstseins in Ihrem Körper wirken Sie einer einseitigen Betonung des Verstandes (»Verkopfung«) entgegen. Die kontinuierliche Betrachtung der Körperempfindungen und Gefühle von Moment zu Moment führt Sie zur Einsicht in deren fluktuierende Natur, ein ständiges Entstehen und wieder Vergehen. Einerseits können Sie mit Hilfe der beschriebenen Übungen lernen, Ihren Körper deutlicher zu spüren und sich in ihm heimisch zu fühlen (Selbstakzeptanz), andererseits gewinnen Sie durch die distanzierte Beobachtung an Gelassenheit und Entscheidungsfreiheit, indem Sie automatische

Reaktionen erkennen und durch bewusstes, an die Situation angepasstes Handeln ersetzen können (Freiheit und Selbstbestimmung).

Die Wahrnehmung von Körperempfindungen, die von Akzeptanz und Gleichmut getragen ist, führt zu einem inneren Klärungsprozess, bei dem Ängste, Wut und Trauer mit der Zeit abnehmen und sich positive Gefühle einstellen. Im nächsten Abschnitt geht es darum, wie Sie Letzteres aktiv unterstützen können.

Wohlwollen und Mitgefühl kultivieren

Wie stehen Sie zu sich selbst? Mögen Sie sich? Wie viel Perfektionismus, Verachtung oder gar Hass sich selbst gegenüber tragen Sie in sich? Können Sie sich so annehmen, wie Sie sind? Oder ist Ihr Leben angefüllt mit Erwartungen, wie Sie eigentlich sein sollten und müssten? Bevor Sie sich daranmachen können, Wohlwollen und Mitgefühl anderen gegenüber zu entwickeln, ist es erforderlich, sich mit diesen Fragen auseinanderzusetzen.

Die Grundhaltung, mit der Sie Meditation praktizieren, ist von großer Bedeutung. Prüfen Sie erneut Ihre Motivation, die Quelle Ihres Antriebs zu meditieren. Was wollen Sie erreichen? Haben Sie eine bestimmte Vorstellung davon, in welcher Weise Sie sich durch Meditation verändern möchten? Untersuchen Sie die emotionale Qualität, die hinter Ihrem Wunsch nach Veränderung und nach neuen Erfahrungen steckt. Sind Sie unzufrieden, sehnen Sie sich nach mehr innerer Harmonie, oder sind Sie einfach nur neugierig und offen für das, was sich in der Meditation zeigt?

Paradoxerweise erreichen Sie beim Meditieren oft umso weniger, je mehr Sie sich anstrengen, ein bestimmtes Ziel zu erreichen. Erwartungen sind tatsächlich eins der größten Hindernisse für tiefer gehende Erfahrungen überhaupt. Warum dies so ist, wird im Kapitel zum »Sein« ausführlich dargelegt werden.

Der erste Schritt bei der Entwicklung positiver Emotionen besteht darin, dass Sie sich selbst gegenüber eine wohlwollende Haltung einnehmen. Erinnern Sie sich an eine Person, die für Sie den Inbegriff von menschlicher Wärme, Güte und Großherzigkeit verkörpert. Das kann eine religiöse Figur sein, eine historische oder zeitgenössische Person oder auch jemand aus Ihrem persönlichen Umfeld. Wenn Sie kein Bild von einer konkreten Person haben, dann stellen Sie sich eine Mutter vor, die ihr Kind liebevoll ansieht, oder einen Vater.

Schauen Sie sich nun in derselben Weise selbst an, mit einem inneren Lächeln, das Freundlichkeit, Güte und Wohlwollen ausdrückt. Lassen Sie Ihren inneren Antreiber verstummen, und werden Sie sich selbst ein weiser Lehrer, der Schwierigkeiten mit Geduld, Verständnis und Humor begegnet. So schaffen Sie ein inneres Lernumfeld, in dem das Experimentieren und Üben Freude macht. Sitzen Sie für eine Weile einfach nur da und versuchen Sie das Gefühl von liebevoller Zuwendung und Annahme zu intensivieren.

●

Der zweite Schritt dieser Übung besteht nun darin, das gleiche Gefühl auf eine andere Person zu richten. Für welche Person empfinden Sie am meisten Liebe und Zuneigung? Mit wem fühlen Sie sich eng verbunden? Das kann ein Mitglied Ihrer Familie sein oder ein Freund/eine Freundin, der/die Ihnen sehr nahe steht. Rufen Sie eine bildhafte Vorstellung des Gesichts oder der ganzen Gestalt auf, und nennen Sie innerlich den Namen dieser Person.

Beobachten Sie, wie Sie sich emotional öffnen und sich Ihre Stimmung aufhellt. Vielleicht nehmen Sie dabei eine körperliche Empfindung in der Herzregion wahr. Nicht umsonst steht das Herzsymbol für die Liebe, und es wird davon gesprochen, dass jemand einen Platz in unserem Herzen hat.

●

Sobald es Ihnen gelungen ist, ein Gefühl von Liebe und Verbundenheit hervorzurufen, dehnen Sie dieses Gefühl auf weitere Menschen aus, mit denen Sie Liebe und Freundschaft verbindet. Erweitern Sie den Kreis Schritt für Schritt, und nehmen Sie sich für jede einzelne Person Zeit, ein Bild von ihr und Szenen wachzurufen, in denen sich ihr positives Verhältnis zueinander zeigt. Wechseln Sie dann von der Erinnerung in den gegenwärtigen Moment, und nehmen Sie die Gefühle wahr, die in Ihnen entstehen. Wo im Körper spüren Sie Verbundenheit? Wo ist die Quelle Ihres Mitgefühls und Ihrer Liebe? Richten Sie Ihre Aufmerksamkeit und Ihr Fühlen auf diese Personen, ganz gleich, wo sie sich gegenwärtig befinden, so als ob Sie ein Netz unsichtbarer Verbindungen aufbauen. Senden Sie Liebe und Mitgefühl über dieses Netz aus wie wärmende Sonnenstrahlen.

●

Der letzte Schritt dieser Übung besteht darin, den Kreis auch auf Personen zu erweitern, die Sie nicht kennen oder sogar ablehnen. Überwinden Sie Misstrauen, Vorurteile und Feindseligkeit in sich und ersetzen Sie sie durch Mitgefühl und liebevolle Güte. Versuchen Sie, den menschlichen Kern hinter den Fassaden zu sehen. Freunden Sie sich auch mit dem an, was Ihnen bisher fremd und bedrohlich erschienen ist. Dehnen Sie schließlich Ihre Gefühle auf alle fühlenden Wesen aus, und wünschen Sie ihnen Frieden, Glück und Wohlergehen. Diesem Herzenswunsch können Sie zusätzlich Ausdruck verleihen, indem Sie die Hände vor der Brust falten und Ihre Aufmerksamkeit dort sammeln.

●

Als Skeptiker regt sich in Ihnen vielleicht der Widerspruch gegenüber solchen Übungen. Ist das nicht ein viel zu hoher Anspruch, »alle Wesen lieben zu wollen«? Es gibt doch tatsächlich bösartige und verachtenswerte Menschen! Ist das nicht naiv, blauäugig und undifferenziert? Vielleicht ist es gerade solch eine emotionale Überschwenglichkeit in manchen religiösen und esoterischen Kreisen, die Sie abstößt?

Tatsächlich besteht bei solchen Übungen ein erhöhtes Risiko, durch die Hintertür ein bestimmtes Wertesystem zu transportieren, Ideale einer perfekten Welt zu propagieren, Ansprüche aufzubauen, die so hoch sind, dass ein Scheitern vorprogrammiert ist. Ein Scheitern, das sich in einer aufgesetzten Schein-Freundlichkeit äußern kann, in einer verklärten Weltsicht (»rosa Brille«), einer Verdrängung aggressiver und destruktiver Impulse. In diesem Buch geht es nicht darum, was Sie fühlen sollen! Es geht nicht um die Re-Programmierung mit einem neuen Wertesystem, sondern darum, das wahrzunehmen, was ist, und authentischer zu leben.

Verstehen Sie die Übungen zur Entwicklung von Güte und Mitgefühl als eine Möglichkeit, Ihre soziale Grundhaltung, Ihre Einstellung zu den Mitmenschen zu reflektieren und zu verändern – wenn Sie dies möchten. Dies ist nicht mit willentlicher Anstrengung herstellbar, sondern nur mit einer Öffnung und Verstärkung vorhandener Gefühle. Wenn Sie Vorbehalte haben und befürchten, sich bei solchen Übungen etwas vorzumachen oder einzureden, dann verzichten Sie ganz darauf. Bleiben Sie bei den Übungen mit der Atmung und der Körperwahrnehmung. Veränderungen der Emotionalität treten als »Nebenwirkung« dieser Übungen häufig ganz von selbst auf. Wenn Sie sich selbst mehr spüren, können Sie sich auch besser in andere einfühlen.

Achten Sie darauf, wie sich die Meditation auf Ihre Beziehungen auswirkt. Beginnen Sie, besser zuzuhören und zu spüren, wie es dem anderen geht? Werden Sie offener für andere Menschen, können Sie sich besser in Ihr Gegenüber hineinversetzen?

Hat die Meditation Auswirkungen auf Ihr Verhalten im Alltag? Ein guter Indikator für Veränderungen ist beispielsweise Ihr Verhalten im Straßenverkehr. Wie reagieren Sie auf rote Ampeln, auf langsame Fahrer, die Sie behindern? Wie hektisch oder gemächlich fahren Sie? Wie oft schimpfen Sie und reagieren mit aufbrausendem Zorn? Prüfen Sie, ob sich durch Ihre Meditationspraxis tatsächlich negative Automatismen reduzieren und ob es Ihnen zunehmend gelingt, im Straßenverkehr, im Familien- und Berufsleben mit Geduld, Verständnis und Humor zu reagieren, wenn etwas anders läuft, als Sie es sich wünschen.

Hingabe und Demut

Im Einführungskapitel waren als vierter Bereich tiefer Erfahrungen während der Meditation »essentielle Qualitäten« aufgeführt. Darunter finden sich Begriffe wie Hingabe, Demut, Gnade und Dankbarkeit. Können Sie etwas mit diesen emotionalen Qualitäten anfangen? Haben Sie selbst Erfahrungen in Ihrem Leben gemacht, die diese Gefühle in Ihnen hervorgerufen haben? Im normalen Alltagsleben sind derartige Gefühle kaum oder nur noch in rudimentärer Form anzutreffen, wenn wir uns beispielsweise höflich für etwas bedanken. Begriffe wie Demut und Gnade verbinden Sie vielleicht eher mit Religiosität und einer Gottesbeziehung, die Ihnen fremd ist.

Was in all diesen Begriffen mitschwingt, ist eine Form der Unterordnung unter etwas Größeres. Wem gegenüber sollten Sie dankbar und demütig sein? Bedeutet Hingabe nicht zugleich die Aufgabe individueller Autonomie? Ist es nicht ein Zeichen von Schwäche, um Gnade zu bitten, anstatt Probleme und Zielsetzungen aus eigener Kraft zu bewältigen?

Wie Sie zu diesen Fragen stehen, hängt ab von Ihrem Selbstverständnis und Ihrer existentiellen Perspektive auf Ihr Leben und die Welt, in der Sie sich befinden. Betrachten Sie die Nahrung, die Sie zu sich nehmen, primär als zum Überleben notwendige Substanz oder als Geschenk der Natur? Werden Sie vom Anblick des nächtlichen Sternenhimmels berührt? Vom Sonnenuntergang am Meer, von gewaltigen Bergen, von der Tier- und Pflanzenwelt, oder lässt Sie das kalt?

In dieser Übung geht es nicht darum, religiöse Rituale der Ehrerbietung gegenüber einer personalen Gottheit oder göttlichen Macht zu zelebrieren. Es geht vielmehr darum, empfänglich für die Schönheit der Natur zu werden und sich die eigene Situation als Mensch auf dem Planeten Erde bewusst zu machen. Verstehen Sie die nachfolgenden Betrachtungen als Anregungen dazu, und untersuchen Sie, welche Gefühle diese in Ihnen auslösen.

Beginnen Sie damit, sich der Schwerkraft bewusst zu werden, die die Masse Ihres physischen Körpers zur Erde hin zieht. Spüren Sie den Druck an den Stellen des Körpers, auf denen Ihr Gewicht ruht. Entwickeln Sie ein Gefühl von der ungeheuren Masse und Größe des Planeten, auf dem Sie sich befinden. Machen Sie sich klar, dass Sie über Atmung und Ernährung in einem stetigen Austausch mit Ihrer Umwelt stehen, dass Ihr Körper aus Erdmaterie besteht und nach dem Tod in die Grundelemente zerfallen wird.

●

Stellen Sie sich als Nächstes Ihren Körper aus der Vogelperspektive vor. Gehen Sie in der Vorstellung immer weiter nach oben. Sehen Sie sich weit unten auf der Erde sitzen, als ob Sie von einem hohen Berg oder Flugzeug hinabblicken würden. Rufen Sie schließlich die Ansicht der Erde aus dem All hervor, und machen Sie sich den winzigen Fleck bewusst, an dem Sie sich momentan aufhalten. Dann beenden Sie die Vorstellungsübung und kehren zu diesem konkreten Ort und zur gewohnten Innenperspektive zurück. Behalten Sie eine Bewusstheit davon aufrecht, was für ein großer Raum sich über Ihnen öffnet. Die ungeheure Weite des Kosmos, in dem wiederum die Erde nur einen kleinen Punkt darstellt.

●

Nach der Weitung des räumlichen Horizonts gehen Sie nun in der Zeit so weit zurück, wie Sie sich in Ihrer persönlichen Biographie erinnern können. Machen Sie sich klar, dass Sie Ihr Leben vor vielen Jahren als winzige befruchtete Eizelle begonnen haben, die sich im Mutterleib entwickelt hat. Seit der Geburt atmen Sie die Luft, essen und trinken und haben sich zu einem ausgewachsenen

Organismus entwickelt. Machen Sie sich klar, dass der vollständige Bauplan Ihres Körpers mit all seinen spezialisierten Organen in jeder einzelnen Zelle enthalten ist. Gehen Sie in der Reihe Ihrer Vorfahren zurück bis hin zu den Einzellern, die sich in den Urmeeren gebildet haben. In Ihren Genen liegt die Geschichte der Evolution des Lebens auf diesem Planeten – mit dem Menschen als derzeit am weitesten entwickelten Lebewesen.

●

Wie viel bekommen Sie von den komplexen Vorgängen in Ihrem Körper mit? Jede einzelne Zelle ist ein kompliziertes Kraftwerk, ein Stromerzeuger und eine biochemische Fabrik auf kleinstem Raum, die in permanentem Austausch mit unzähligen anderen Zellen steht und gemeinsam vielfältige Aufgaben bewältigt, um das Überleben sicherzustellen. Können Sie über dieses Wunderwerk der Evolution staunen, dankbar dafür sein, Herr eines derart ausgefeilten Werkzeuges zu sein? Sehen Sie Ihren Leib als notwendiges Übel, Laune der Natur, als Zufallsprodukt oder wertvolle Kostbarkeit, die es zu schätzen und zu erhalten gilt? Wie ist Ihr Verhältnis zur Natur und zum Leben auf der Erde insgesamt? Wie verbunden fühlen Sie sich mit der Umwelt? Im Kapitel zum Sein werden diese Fragen noch einmal aufgegriffen und vertieft. Denn im Zusammenhang mit mystischen Meditationszuständen wird die Welt und das Eingebundensein in sie häufig völlig anders erfahren.

DENKEN

Auf dem Übungsweg der Meditation sind wir nun auf der Ebene der Gedanken angelangt. Bevor wir uns diesem Gebiet widmen, soll ein kurzer Rückblick in Erinnerung rufen, wie sich die Entwicklung bis zu diesem Punkt vollzogen hat. Damit soll für Sie nachvollziehbar werden, welcher inneren Logik die Abfolge der Übungen in diesem Buch folgt.

Zunächst haben Sie gelernt, aufrecht und entspannt zu sitzen. Dieser erste Schritt betraf Ihre materielle Daseinsebene, d.h. Ihren Leib als physikalisches Objekt mit einer bestimmten Masse, räumlichen Ausdehnung und Beweglichkeit. Ihre Aufgabe bestand darin, durch Muskelkraft die richtige Position einzunehmen – eine primär mechanische Operation mit der Zielsetzung, eine stabile Körperhaltung und einen Gleichgewichtszustand herzustellen, der ohne viel Kraftaufwand aufrechterhalten werden kann.

Im zweiten Schritt folgten die Übungen zur Atemachtsamkeit, die in erster Linie darauf abzielen, die Balance des vegetativen Nervensystems in Richtung Beruhigung zu verschieben. Diese Übungen setzten auf der vitalen Ebene an, d.h., Sie als lebendiger Organismus haben gelernt, Ihre eigenen biologischen *(homöostatischen)* Regelprozesse aktiv zu beeinflussen. Die Atmung, die normalerweise autonom und weitestgehend automatisch abläuft, ist Ihnen bewusster geworden. Außerdem haben Sie gelernt, diese Bewusstheit aufrechtzuerhalten und damit Ihre Aufmerksamkeit zu stabilisieren.

Nach der materiellen und vitalen Ebene haben wir uns im dritten Kapitel zur emotionalen Ebene bewegt. Atmung und Aufmerksamkeit haben den Weg bereitet, sich den Körperempfindungen und den damit verbundenen Gefühlen zu öffnen. Sie haben gelernt, sich selbst als fühlendes Wesen systematisch zu erkunden und sich durch eine akzeptierende, gleichmütige Innenschau zu klären. Dabei haben Sie sich bereits mit dem Potential von Gedanken und Vorstellungen beschäftigt, negative Gefühle zu verringern und positive Gefühle aktiv hervorzurufen.

Verglichen mit Gefühlen, Emotionen und Stimmungen, die meist einige Zeit andauern, sind Gedanken wesentlich schneller und flüchtiger. Sie zu beobachten ist daher schwieriger, zumal wir dazu neigen, uns mit den eigenen Gedanken zu identifizieren und sie nicht als mentale Ereignisse, als Objekte der Beobachtung zu behandeln. Die Gedanken sind uns sozusagen innerlich so nah, dass es uns schwerfällt, eine Distanz zu ihnen aufzubauen.

Wenn ein Gedanke in uns auftaucht, entsteht sehr leicht eine Kette von Assoziationen, ein Strom von Gedanken, Erinnerungen, Vorstellungen, Fantasien. Nur allzu leicht werden wir von diesem Strom mitgenommen und verlieren uns in Tagträumen. Dieser Vorgang wird besonders deutlich, wenn eine Meditationsübung verlangt, die Aufmerksamkeit in der Gegenwart und auf einem bestimmten Objekt zu halten. Doch warum driften wir eigentlich so leicht ab? Warum gelingt es uns kaum, die Gedankentätigkeit zu bändigen? Ist es überhaupt möglich, nicht zu denken?

Eines der typischen Merkmale des letzten Tiefenbereichs der Meditation ist tatsächlich »Gedankenstille«. Zu Beginn der Meditationspraxis erfahren viele Übende jedoch ein gegenteiliges Phänomen: Sobald sie die Augen schließen, werden sie von einer Flut von Gedanken erfüllt. Unendlich viele Dinge gehen ihnen durch den Kopf, und es gelingt ihnen nur für kurze Zeit, sich auf das gewählte

Meditationsobjekt zu konzentrieren, weil sie immer wieder abschweifen. Es scheint fast so, als ob wir einem inneren Zwang unterliegen, ständig zu denken – einer gewohnheitsmäßigen gedanklichen Beschäftigung, die sich nur schwer abstellen lässt. Warum ist das so?

Die Antwort können Sie selbst finden, wenn Sie untersuchen, worum Ihre eigenen Gedanken die meiste Zeit kreisen. Sie werden dann feststellen, dass Sie sich entweder mit vergangenen Ereignissen beschäftigen, sich daran erinnern, wie dies oder jenes abgelaufen ist und es Ihnen dabei gegangen ist, oder dass Sie in die Zukunft gerichtet planen, also etwa darüber nachdenken, was Sie nach der Meditation noch dringend erledigen möchten. Die Gedanken sind dabei vielleicht von bildhaften Vorstellungen begleitet. Sie malen sich aus, wie etwas ablaufen wird, und spielen im Geiste verschiedene Szenarien durch.

Es kann auch sein, dass Sie über etwas nachdenken, was gerade jetzt geschieht, eine Bewertung vornehmen oder ein Urteil fällen. In dem Moment, wo dies geschieht, distanzieren Sie sich zugleich von der primären Erfahrung, von der Empfindung, dem Gefühl oder der Sinneswahrnehmung. Sie denken über das Erlebte nach und begeben sich damit auf eine Ebene der symbolischen Verarbeitung in Form von Begriffen, die als Stellvertreter dienen. Der Wechsel auf die gedankliche Ebene vollzieht sich blitzschnell, und es bedarf offenbar der Übung, um ihn zu bemerken und gegenzusteuern.

Stand der Forschung

Erst in den letzten zehn Jahren hat sich die Forschung verstärkt mit der Frage beschäftigt, warum unser Geist eigentlich so rastlos ist (Smallwood & Schooler, 2006;

Buckner & Vincent, 2007) und warum wir uns so viel mit vergangenen und zukünftigen Ereignissen beschäftigen. Dabei zeigt sich, dass es durchaus gute Gründe dafür gibt.

Der Default-Modus

Was tut ein Mensch, wenn er nichts zu tun hat bzw. nichts tun soll? In Experimenten zur Untersuchung bestimmter kognitiver Funktionen werden typischerweise Aufgaben verwendet, die genau diese Funktionen ansprechen. Die Aktivierung des Gehirns während der Aufgabenbearbeitung wird anschließend mit der Aktivierung in Phasen verglichen, in denen keine solchen Aufgaben zu bearbeiten waren. Durch den Vergleich wird sichtbar, welche Gehirnregionen verstärkt aktiviert werden, um die geforderte Leistung zu erbringen.

Die Vergleichsbedingungen bestehen häufig aus Ruhephasen, in denen den Probanden beispielsweise ein Kreuz auf dem Bildschirm dargeboten wird, das sie fixieren sollen. Ansonsten haben die Probanden nichts zu tun, und das Gehirn sollte eigentlich insgesamt weniger aktiv sein. Erstaunlicherweise gibt es jedoch Regionen, in denen die Hirnaktivität während der Ruhephasen deutlich höher ist. Dieses Phänomen wurde von Raichle et al. (2001) erstmals als *default-mode* beschrieben und hat seither zu einer Flut von Veröffentlichungen geführt (Raichle & Snyder, 2007).

Der Begriff »default« bezeichnet normalerweise einen Standard- oder Vorgabewert, der benutzt wird, wenn keine Einstellung vorgenommen wird. In Verbindung mit dem Wort »mode« wird damit jene Art der Hirntätigkeit bezeichnet, die auftritt, wenn keine konkrete Aufgabe zu lösen ist. Immer dann, wenn uns eine Situation keine Reaktionen abverlangt oder nur Routinehandlungen erfordert, so dass geistige Ressourcen zur Verfügung stehen, nutzen wir diese zum Erinnern, Nachdenken, Planen.

In einem Übersichtsartikel zum Default-Modus von Buckner et al. (2008) wird dies unter dem Begriff der Selbstprojektion auf einen Nenner gebracht. Wir versetzen uns in die Vergangenheit oder Zukunft, projizieren uns in eine andere Situation oder Person. Der biologische Nutzen dieser Fähigkeit zur Simulation von Szenarien liegt auf der Hand: Wir können vergangene Situationen auswerten und daraus für zukünftige Situationen lernen, mit welchem Verhalten wir vermutlich am ehesten unsere Ziele erreichen. Wir können verschiedene Handlungsalternativen im Geiste durchspielen und uns in die beteiligten Personen hineinversetzen, um ihre Reaktion auf unser Verhalten abzuschätzen (Schilbach et al., 2008).

Für erfolgreiches Handeln ist diese Fähigkeit zur Simulation möglicher Konstellationen ein so großer Vorteil, dass wir sehr viel Zeit damit verbringen. Wenn wir in Gedanken unterwegs sind (engl. *mind wandering*), sind wir jedoch nicht vollständig präsent. Oft ist nur ein Teil unserer Aufmerksamkeit mit dem beschäftigt, was wir gerade tun, denn in Gedanken sind wir bereits bei dem, was wir danach vorhaben. Dieser Form der Aufspaltung wird in der Meditation entgegengewirkt. Auftauchende Gedanken sollen lediglich als solche wahrgenommen und nicht weiterverfolgt werden; am Ende soll das Denken ganz zur Ruhe gebracht werden.

Meditation als Hemmung des Default-Modus

Die Möglichkeit, vom gegenwärtigen Moment und der aktuell gegebenen Situation zu abstrahieren, Vergleiche mit früheren Konstellationen vorzunehmen, Erwartungen zu bilden und vorab durchzuspielen, sich in andere hineinzuversetzen, um ihre Reaktionen zu antizipieren – all dies sind zweifellos bemerkenswerte Fähigkeiten des menschlichen Geistes. Problematisch wird diese Art der Geistestätigkeit erst dann, wenn sie sich verselbständigt und die Lebensqualität darunter leidet; wenn wir nicht abschalten können, obwohl wir dies gerne möchten; wenn wir nie bei der Sache sind, die wir gerade tun, sondern im Geiste schon den nächsten Schritt planen und so den Kontakt zur lebendigen Gegenwart verlieren.

Achtsamkeitsmeditation zielt darauf ab, die gesamte Aufmerksamkeit auf das zu richten, was gerade in diesem Augenblick an Erfahrungen gegeben ist. Alle Prozesse des Default-Modus, die uns von der Gegenwart in eine vorgestellte, projizierte, »simulierte« Wirklichkeit entführen, müssen dazu unterbunden werden. Somit kann Meditation als eine Hemmung des Default-Modus konzipiert werden, deren Erfolg objektiv daran festgemacht werden kann, dass die Aktivität in den entsprechenden Hirnregionen reduziert wird.

In einer eigenen Studie an der Universität Gießen durchliefen zehn Personen mit langjähriger Meditationspraxis und zehn Kontrollpersonen zwei Versuchsphasen. Während sie in der Röhre eines *Magnetresonanztomographen* (MRT) lagen, sollten sie zunächst für zwanzig Minuten jeden Gedanken verfolgen, der ihnen spontan in den Sinn kam (Tagträumen). Anschließend folgte eine zwanzigminütige Phase, in der Atemachtsamkeit geübt werden sollte. Im mittleren *präfrontalen* Cortex, dem vorderen Anteil des Default-Modus-Netzwerkes, nahm die Aktivität deutlich ab, sobald die Meditation begann. Diese Reduktion der Hirnaktivität hielt bei der Kontrollgruppe nur wenige Minuten an und kehrte dann zum Ausgangsniveau zurück. Demgegenüber gelang es den erfahrenen Meditierenden, die Aktivität in dieser Region fast über den gesamten Zeitraum der Atemachtsamkeit zu senken (Ott et al., 2010).

In zukünftigen Studien wird untersucht werden, wie sich die Fähigkeit zur Hemmung des Default-Modus im Zuge der Übungspraxis entwickelt und stabilisiert.

Umgang mit Ablenkungen

Bei jedem Gedanken, der im Bewusstsein auftaucht, besteht das Risiko, dass dieser weitere Assoziationen auslöst und sich so eine Kette von Gedanken bildet, die den Meditierenden von der Meditationsaufgabe wegführen. Um zu untersuchen, wie schnell die Kette der Assoziationen unterbrochen wird, verwendeten Pagnoni et al. (2008) Wörter, die auf einem Bildschirm dargeboten wurden. Probanden waren erfahrene Zen-Praktiker und Kontrollpersonen, die mit offenen Augen meditierten. Wie erwartet, lösten die dargebotenen Begriffe Aktivität in Hirnregionen zur Analyse der Wortbedeutung aus. Im Vergleich mit den Kontrollpersonen trat die ausgelöste Aktivität bei den Zen-Meditierenden schneller auf und klang auch schneller wieder ab. Die Autoren der Studie sehen darin einen Hinweis darauf, dass die Meditierenden gelernt haben, ablenkende Störreize zu bemerken, aber keine weitere konzeptuelle Verarbeitung vornehmen.

Befunde einer eigenen Studie an der Universität Gießen weisen in die gleiche Richtung (Hölzel et al., 2007). Während der Atemachtsamkeit zeigten erfahrene Meditierende der Vipassana-Tradition verstärkte Aktivität im *anterioren cingulären* Cortex. Diese Region wird mit der »exekutiven« Kontrolle der Aufmerksamkeit in Verbindung gebracht und dient insbesondere dazu, Konflikte zu erkennen und Störreize auszublenden. In der Studie einer anderen Arbeitsgruppe zeigte sich dort ebenfalls verstärkte Aktivität bei den Meditierenden (Brefczynski-Lewis et al., 2007). Bei den Meditierenden mit sehr langer Übungspraxis nahm die Aktivierung dort wieder ab, was die Autoren so interpretieren, dass bei diesen Personen der Zustand der Achtsamkeit bereits zum Normalzustand geworden ist und daher ohne Anstrengung aufrechterhalten werden kann.

Einen anderen Ansatz, die Mechanismen automatischer Aufmerksamkeitszuwendung zu untersuchen, bietet ein Phänomen, das als *Attentional Blink* bezeichnet wird. Es tritt auf, wenn eine Serie von Reizen (z.B. Buchstaben) in sehr schneller Abfolge präsentiert wird und Zielreize (z.B. Ziffern) eingebettet sind, die erkannt werden sollen. Wenn zwei Zielreize in einem kurzen Abstand aufeinander folgen, wird der zweite Reiz leicht übersehen, was als »Blinzeln« der Aufmerksamkeit (nicht der Augen) bezeichnet wird. Eine Studie von Slagter et al. (2007) ergab, dass sich nach einem dreimonatigen Training in Vipassana-Meditation die Erkennungsrate erhöhte. Die vom ersten Zielreiz ausgelösten elektrischen Hirnpotentiale fielen geringer aus. Dies interpretieren die Autoren als Beleg für eine verbesserte Verteilung der Aufmerksamkeit. Durch die geringere Verarbeitungstiefe und die Beschäftigung mit dem ersten Zielreiz wären noch genug Ressourcen vorhanden, um auch den zweiten Zielreiz zu erfassen.

Solche experimentellen Studien zeigen, dass der veränderte Umgang mit Ablenkungen durch ein Achtsamkeitstraining sich sowohl in Verhaltensdaten (Erkennungsleistung) niederschlägt als auch auf der Ebene neuronaler Aktivierungsprozesse von messbaren Effekten begleitet ist.

Meditationsübungen

Die eingangs erwähnte Flut von Gedanken, die viele Anfänger erfahren, wird leider häufig als eigene Unfähigkeit zu meditieren gedeutet. Sich selbst zu verurteilen, weil es einem nicht gelingt, die Gedankentätigkeit einzudämmen, ist jedoch kontraproduktiv. Denn auch die Urteile selbst sind wiederum Gedanken über die Gedanken, die letztlich nur zu Verzweiflung und Frustration führen und die Motivation untergraben.

In den folgenden Abschnitten werden drei unterschiedliche Strategien für den Umgang mit Gedanken vorgestellt. Es ist wiederum an Ihnen, herauszufinden, welche Strategie bei Ihnen am besten funktioniert.

Gedanken beobachten

Die erste Strategie zur Beruhigung der Gedankenaktivität besteht darin, die Gedanken lediglich als mentale Ereignisse wahrzunehmen und sich selbst beim Denken zuzuschauen bzw. zuzuhören. Wichtig ist dabei eine akzeptierende Grundhaltung – wenn Sie Ihre Gedanken verurteilen, sich darüber ärgern und sie zu unterdrücken versuchen, gießen Sie Öl ins Feuer und erzeugen noch mehr Gedanken. Stellen Sie sich vor, jemand wollte die Wellen auf dem Wasser vertreiben, indem er sie mit einem Stock schlägt … Sie können sich ausmalen, wozu das führt, und würden sicher vorziehen abzuwarten, bis sich die Wellen von selbst beruhigen.

Nehmen Sie die Haltung eines Menschen ein, der ein wildes Tier zähmen möchte und es zunächst einmal beobachtet, um sich mit ihm vertraut zu machen. In der Meditationsliteratur wird der Verstand gerne mit einem Affen verglichen, der rastlos zwischen den Ästen der Bäume herumturnt. Geben Sie die innere Bühne frei und lassen Sie den Affen turnen – springen Sie aber nicht hinterher, sondern bleiben Sie ein distanzierter Beobachter des Geschehens. Was treibt Ihre Gedanken an?

●

Vielleicht verstummen die Gedanken spontan, wenn Sie Ihnen auf diese Weise zu lauschen versuchen, oder die Gedankenaktivität wird subtiler und Sie fragen sich, ob das gerade eben ein Gedanke war oder nicht. Benutzen Sie nicht Ihren Denkapparat, um das Denken zu ergründen oder zu kontrollieren, sondern wechseln Sie in einen Modus der Anschauung, des Lauschens. Dabei kann es helfen, den ganzen Körper wahrzunehmen und dieses Körpergewahrsein als Hintergrund wahrzunehmen, während sich die Gedanken im Kopf bilden. Was geht Ihnen durch den Sinn? Können Sie sich zeitweise vom Denken lösen und einfach nur dasitzen? Die Momente innerer Stille sind zunächst oft nur von kurzer Dauer. Es taucht vielleicht Freude oder Stolz auf, dass es Ihnen gelungen ist, die Gedanken zu besiegen – denken Sie und haben im selben Augenblick den Kampf verloren, denn Sie denken nun über die Stille nach, anstatt sie zu erfahren.

Sobald gedankliche Einordnungen und Bewertungen auftauchen, distanzieren Sie sich auch von diesen und betrachten Sie sie als mentale Phänomene wie andere Gedanken auch. Sich von der Identifikation mit dem Denken zu lösen erfordert höchste Achtsamkeit und viel Ausdauer. Üben Sie sich in Geduld und Gleichmut; jede andere emotionale Reaktion – Ärger und Trauer ebenso wie Freude – wird leicht zum Motor weiterer Gedanken. Und Gedanken können wiederum Gefühle auslösen oder verstärken. Während der Meditationssitzung besteht keine Notwendigkeit, sich über irgendetwas Gedanken zu machen. Steigen Sie aus den typischen Gedankenkreisen aus, die sich um die Vergangenheit oder zukünftige Aufgaben drehen. Gönnen Sie Ihrem Planungsapparat eine Pause, und lassen Sie alle Erwartungen, Hoffnungen, Wünsche und Sorgen beiseite.

Indem Sie die Spannungen im Körper lösen, die Angst, die Ihnen vielleicht im Nacken sitzt, und die Gefühle mittels achtsamer Atmung beruhigen, entziehen Sie den Gedanken den Treibstoff, und diese kommen nach einiger Zeit ganz von selbst zur Ruhe.

Achten Sie auf die Lücken zwischen den Gedanken, die kurzen Pausen, in denen Stille herrscht, und versuchen Sie, diese Lücken auszudehnen. Gelingt es Ihnen, für einen Atemzug still zu sein und ganz in der Erfahrung des Moments zu bleiben?

In der Meditation bewegen Sie sich von der Oberfläche in die Tiefe. Sie werden sich der Seinsebenen bewusst, die unter und hinter der hektischen Betriebsamkeit der Gedankentätigkeit liegen. Lassen Sie die Gedanken vorüberziehen, ohne sich von ihnen mitnehmen zu lassen. Oder nutzen Sie Ihre Gedanken gezielt, um Ihre Aufmerksamkeit auf diese tieferen Ebenen hin auszurichten. Diese Strategie verfolgt die nächste Übung.

Denken zur Lenkung der Aufmerksamkeit

Anstatt die spontan auftretenden Gedanken zu beobachten und die Geistestätigkeit zu beruhigen, können Sie auch einen ganz bestimmten Gedanken fassen, der Ihnen hilft, die Aufmerksamkeit zu bündeln. Einige Beispiele für diese

Vorgehensweise haben Sie schon bei den Übungen zum Atmen und Fühlen kennengelernt. Die Gedanken begleiten und unterstützen hierbei die jeweilige Ausrichtung der Aufmerksamkeit auf den Atemvorgang, eine Körperempfindung oder eine bestimmte Gefühlsqualität.

Die typischen freilaufenden, weitschweifigen Assoziationsketten werden durch einen einzigen Inhalt in Form eines Wortes oder eines Satzes ersetzt. Entweder wird die jeweils gegenwärtige Empfindung benannt, oder es wird stets das gleiche Wort oder die gleiche Meditationsformel verwendet. Dahinter steht die Überlegung, dass Sie nicht gleichzeitig an zwei verschiedene Dinge denken können. Das trifft allerdings nur zu, solange Sie die volle Aufmerksamkeit auf das gewählte Wort oder die Formel richten. Denn sobald Sie zu einem mechanischen Wiederholen übergehen, kommt es zu einer Automatisierung und Sie beginnen, parallel zur Wiederholung an andere Dinge zu denken.

Achten Sie also darauf, dass Sie bei dem gewählten Gedanken bleiben und ihn als Werkzeug benutzen, die darin enthaltene Bedeutung zu realisieren. Verbinden Sie beispielsweise den Begriff »Ruhe« mit dem Gewahrsein der ruhigen Atmung und dem Gefühl der Ruhe in Ihrem Leib. Wenn Sie lediglich den Begriff aufsagen, verliert er rasch seine Bedeutung und kann keine weitergehende Wirkung entfalten.

Experimentieren Sie mit verschiedenen Begriffen, die das benennen, was Sie in der Meditation anstreben. Hören Sie auf den inneren Klang der Worte. Klingt es stimmig für Sie? Es geht nicht darum, dass Sie sich etwas einreden, sondern dass Sie jene Worte finden, die Resonanz in Ihnen auslösen, etwas in Ihnen zum Schwingen bringen und die Meditation verstärken.

Wenn Sie mit einem Wort für längere Zeit üben, bildet sich eine feste Verknüpfung mit dem zugehörigen meditativen Zustand. In stressigen Situationen können Sie das Wort dann nutzen, um sich in diesen Zustand zu versetzen und Abstand zu gewinnen, anstatt sich mit ärgerlichen Gedanken noch weiter aufzuschaukeln.

Entwickeln Sie die Fähigkeit zur Beobachtung Ihrer gedanklichen Vorgänge. Welche Gedanken sind nützlich und welche eher schädlich? Werden Sie sich Ihrer Gedankentätigkeit bewusst, und gewinnen Sie die Freiheit, selbst zu entscheiden, wann Sie über was in welcher Weise nachdenken und wann Sie es lieber lassen, weil es nichts bringt. Finden Sie heraus, welche Gedanken Ihnen guttun, Ihnen Kraft und Freude geben. Begrenzen Sie diese Art der Selbstreflexion nicht auf die Zeit der Meditation, sondern fragen Sie sich auch im Alltag immer wieder, was jetzt gerade geschieht, was Sie auf gedanklicher Ebene tun und ob es das ist, was Sie wirklich wollen. Meditation eröffnet Ihnen die Möglichkeit, eine veränderte Perspektive auf das Denken einzunehmen und es aktiv zu gestalten.

Fragen, die der Verstand nicht beantworten kann

Der Erfolg der Wissenschaften bei der Erklärung vieler Naturphänomene belegt eindrucksvoll, dass der menschliche Verstand ein mächtiges Werkzeug zur Erkenntnisgewinnung ist. Sehr viele Probleme lassen sich durch systematische Studien und rationale Überlegungen lösen. Auch das Verständnis von uns selbst hat sich durch Einsichten der Psychologie und der Hirnforschung bereits verändert und wird dies weiterhin tun. Der Erwerb von Wissen über uns selbst verändert unser Denken darüber, wer wir sind. In der Meditation geht es jedoch nicht um verstandesmäßiges Wissen über etwas, sondern um Erkenntnisse aus unmittelbarer Erfahrung, es geht um eine veränderte Wahrnehmung, um intuitive Einsichten in die eigene Natur.

Eine Strategie, um die Begrenzung des analytischen Denkens offenzulegen, besteht in der Beschäftigung mit paradoxen Rätseln. Dieser Ansatz, mit sogenannten *Koans* zu arbeiten, wurde in der *Rinzai*-Schule des Zen entwickelt. Eine bekannte Frage lautet beispielsweise: »Wie klingt das Klatschen einer Hand?« Nehmen Sie sich etwas Zeit, und suchen Sie nach einer befriedigenden Antwort.

●

Waren Sie zunächst verwirrt oder zumindest irritiert, weil sich die Frage unsinnig anhört? Wie sind Sie vorgegangen, um eine Antwort zu finden? Haben Sie sich vorgestellt, wie es wäre, mit nur einer Hand zu klatschen, und wie das klingen würde? Ist das noch ein Klatschen? Führt Sie die Beschäftigung mit der Frage in die Stille?

Ein Schüler der Rinzai-Schule muss die Antwort seinem Zen-Meister präsentieren, und dieser allein entscheidet, ob sie akzeptabel ist oder nicht. Es gibt keine vorgefertigte »richtige« Antwort. Der Verstand kann sich noch so lange abmühen, eine plausible Antwort zu finden, diese wird nicht akzeptiert werden. Die Aufgabe des Schülers besteht vielmehr darin, die Frage in sich aufzunehmen, sich intensiv so lange damit zu beschäftigen, bis sich in einem Moment plötzlicher Einsicht die Lösung offenbart.

Eine weitere bekannte Frage lautet: »Welches war dein ursprüngliches Gesicht vor deiner Geburt?« Lassen Sie sich wieder etwas Zeit, um diese Frage in sich arbeiten zu lassen. Beobachten Sie sich selbst bei der Problemlösung. Wohin führt Sie diese Frage? Was würden Sie dem Meister antworten?

●

Diese Rätselfragen sind darauf angelegt, dass Sie eingefahrene Bahnen des Denkens verlassen. Sie werden mit logischen Widersprüchen konfrontiert (Kann eine Hand überhaupt klatschen?), mit Grenzfragen der eigenen Existenz (Seit wann gibt es mich in dieser Gestalt?), die Sie nur lösen können, wenn Sie eine neue Perspektive einnehmen. Das Denken wird durch diese Übungen an seine Grenzen geführt, und Sie erkennen, dass es jenseits des begrifflichen Denkens einen Beobachter gibt, der das gesamte Geschehen erfassen kann.

Dies können Sie direkt erkunden, indem Sie sich die Frage stellen, woher die Gedanken kommen. Wie entstehen die Gedanken? Versuchen Sie genau wahrzunehmen, wie ein Gedanke in Ihnen entsteht. Wenn Sie versuchen, darüber nachzudenken, woher die Gedanken kommen, kommen Sie nicht weiter, denn es sind ja die Gedanken selbst, die Sie untersuchen möchten. Können Sie einen Gedanken wahrnehmen, bevor er voll ausgebildet ist? Was ist die Quelle der Gedanken? Wie lange dauert ein Gedanke? Wie schnell verblasst er? Verfeinern Sie Ihr Vermögen, das eigene geistige Geschehen feiner aufzulösen und dem Spiel der Gedanken zuzuschauen.

●

Diese Art der Beschäftigung mit den eigenen Gedanken soll Ihnen die Denktätigkeit als solche bewusster machen und dient zugleich der Einsicht in die Tatsache, dass Sie mehr sind als Ihre Gedanken. Wenn Sie Meditation praktizieren, um Selbsterkenntnis zu erlangen, lautet die Königsfrage letztendlich: »Wer bin ich?« Die Beantwortung dieser Frage in der Meditation erfordert keinen Denkprozess, sondern einen fundamentalen Wechsel in der Wahrnehmung in einen Modus der Anschauung, der als Selbstwesensschau, Erwachen oder Erleuchtung bezeichnet wird. Das nächste Kapitel beleuchtet die Merkmale dieser Erfahrungen sowie mögliche neurophysiologische Mechanismen.

SEIN

Während die vorherigen Kapitel einzelne Bereiche des Bewusstseins herausgriffen und näher beleuchteten, steht in diesem Kapitel deren Integration im Mittelpunkt. Wenn Sie während der Meditation sitzen, atmen, Ihren Körper spüren, sich Ihrer Gefühle und Gedanken bewusst werden, dann können Sie die Aufmerksamkeit selektiv auf einen dieser Bereiche richten. Dazu dienten die bisherigen Meditationsübungen. Sofern Sie diese praktizieren, können Sie lernen, aufrecht und entspannt zu sitzen, mittels achtsamer Atmung das vegetative Erregungsniveau zu senken, die Körperbewusstheit zu steigern, Muskelspannungen zu lösen, sich emotional zu klären, positive Gefühle zu kultivieren und schließlich das Spiel Ihrer Gedanken zu beobachten und zu steuern.

All diese Zielsetzungen haben jeweils einen Wert für sich, und die entsprechenden Übungen können relativ unabhängig voneinander praktiziert werden. Auf diese Weise können Sie Meditation als mentales Training nutzen, um Ihr Bewusstsein zu erweitern und Ihre Fähigkeiten zur Selbstregulation zu erhöhen. Sie bewegen sich dabei in den ersten vier Tiefenbereichen der Meditation, die im Einführungskapitel vorgestellt wurden. Meditation wird zum Werkzeug der Selbstmodifikation, bietet ein Arsenal psychologischer Techniken, die Ihnen dabei behilflich sind, Ihre persönlichen Ziele zu verwirklichen.

Der Übergang zum fünften und letzten Tiefenbereich der Meditation erfordert demgegenüber eine veränderte Perspektive. Zur Erinnerung seien nochmals die Merkmale aufgeführt, die den Tiefenbereich der Nicht-Dualität kennzeichnen: Gedankenstille, Einssein, Leerheit, Grenzenlosigkeit, Transzendenz von Subjekt und Objekt. Sie als Subjekt lösen sich im Rahmen dieser Erfahrungen in ein Gefühl allumfassender Einheit auf. Das Ihnen vertraute Ich in der Form, in der Sie es bisher als Zentrum Ihres Erlebens und Handelns kennen, hört vorübergehend auf zu existieren.

Im nachfolgenden wissenschaftlichen Teil wird zunächst genauer beschrieben, welche subjektiven Veränderungen während solcher mystischen Erfahrungen auftreten. Anschließend wird darauf eingegangen, welche neurophysiologischen Mechanismen diesen Erfahrungen zugrundeliegen könnten. Im Übungsteil werden Sie dann dazu angeleitet, günstige Voraussetzungen für das Auftreten solcher Erfahrungen herzustellen und mögliche Risiken zu minimieren.

Stand der Forschung

Als wissenschaftlicher Forschungsgegenstand liegen mystische Erfahrungen in einem Grenzgebiet von Psychologie, Religionswissenschaft und Philosophie. In diesem Buch wird primär eine psychologische Perspektive eingenommen und durch neurowissenschaftliche Überlegungen ergänzt. William James war als Begründer der modernen Psychologie zugleich der Erste, der sich in seinen berühmten Vorlesungen über *Die Vielfalt religiöser Erfahrung* (James, 1902) ausführlich mit den Merkmalen mystischer Erfahrungen beschäftigte (siehe unten).

Mit dem Aufkommen des Behaviorismus in den 20er Jahren des letzten Jahrhunderts wurden allein durch Innenschau zugängliche Phänomene von der wissenschaftlichen Betrachtung weitestgehend ausgeschlossen. Diese Tabuisierung endete erst mit der sogenannten kognitiven Wende in den 50er Jahren. Die Anerkennung der Bedeutung von Denkprozessen fand unter anderem in der Herausbildung neuer Wissenschaftszweige ihren Niederschlag, wobei insbesondere die Kombination aus Kognitionswissenschaft und Hirnforschung *(cognitive neuroscience)* zunehmende Bedeutung erlangt und zur Einrichtung eigener Ausbildungsgänge geführt hat. Aufgrund ihrer Relevanz für das Verständnis und die Behandlung psychischer Störungen sind in den vergangenen Jahrzehnten auch die Emotionen verstärkt in den Fokus der Forschung getreten und bilden inzwischen ein eigenständiges, aktives Forschungsfeld *(affective neuroscience)*.

Eines der vergleichsweise bisher noch kaum erschlossenen Untersuchungsfelder stellen mystische Erfahrungen dar und die Methoden, mit denen diese veränderten Bewusstseinszustände hervorgerufen werden können. Obwohl seit Ende der 60er Jahre der Versuch unternommen wurde, das Forschungsgebiet der transpersonalen Psychologie zu entwickeln, konnte sich diese Richtung nie dauerhaft in der akademischen Welt etablieren (Walach et al., 2005). Einen neueren Versuch, diesem Phänomenbereich mehr Geltung zu verschaffen, stellt die Strömung der positiven Psychologie dar (Laurenz, 2009), die spirituelle Erfahrungen einbezieht (Bucher, 2007). Außerdem beginnt sich eine neue akademische Disziplin zu entwickeln, die sich mit den Auswirkungen von Meditation und anderen spirituellen Praktiken auf Bewusstsein und Gehirn beschäftigt (*contemplative neuroscience*, siehe Lutz et al., 2007, und Links auf der Website zum Buch).

Grundlage der wissenschaftlichen Beschäftigung mit diesem Gebiet ist zunächst die Beschreibung der interessierenden subjektiven Erfahrungen im nachfolgenden Abschnitt. In einem zweiten Schritt wird daran anknüpfend der Versuch unternommen, das Auftreten dieser Erfahrungen mit neurophysiologischen Vorgängen zu erklären.

Für außergewöhnliche Erfahrungen, die durch intensive Meditationspraxis ausgelöst werden können, existieren viele Begriffe in den spirituellen Traditionen, wie beispielsweise die verschiedenen Stufen von *Samadhi* in der Yoga-Lehre oder *Kensho* und *Satori* im Zen. Diese Begriffe werden häufig unterschiedlich übersetzt (vollkommene Konzentration, Versenkung, Überbewusstsein, Erwachen, Selbstwesensschau, Erleuchtung) und sind eng verwoben mit philosophischen Annahmen der jeweiligen Traditionen.

In der psychologischen Forschung stützt sich die Definition von Bewusstseinszuständen auf eine möglichst unvoreingenommene Schilderung der Erlebensmerkmale. Persönliche Berichte von mystischen Erfahrungen bildeten so auch die Grundlage für die Analyse von James (1902), der vier typische Kennzeichen herausarbeitete:

- Unaussprechlichkeit: Die Betroffenen geben an, dass sich die Erfahrung nicht angemessen mit Worten ausdrücken lässt.
- Noetische Qualität (abgeleitet von *Noetik*, der Lehre vom Denken, vom Erkennen geistiger Gegenstände): Es handelt sich um Zustände des Wissens und tiefer Einsichten, die nicht durch diskursives Denken erreicht werden können. Die Betroffenen beschreiben, dass ihnen etwas offenbart wurde, was von großer Bedeutung und Wichtigkeit ist und eine nachhaltige Wirkung auf sie ausübt.
- Flüchtigkeit: Die Erfahrungen sind meist von kurzer Dauer (Minuten bis Stunden).
- Passivität: Die Zustände unterliegen nicht der willentlichen Kontrolle; sie treten in der Regel plötzlich und unerwartet auf.

Eine erweiterte Liste typischer Merkmale wurde von Stace (1961) erstellt und bereitete die Grundlage für die empirische Forschung mit Fragebögen (Hood, 1975):

1. Einheit
2. Transzendenz von Raum und Zeit
3. Eine tief positive Stimmung
4. Gefühl der Heiligkeit
5. Objektivität und Realität
6. Paradoxie
7. Behauptete Unaussprechlichkeit
8. Flüchtigkeit
9. Bleibende positive Veränderungen in Einstellungen und Verhalten

Mit Ausnahme des Kriteriums der »Passivität« sind in dieser Auflistung alle Merkmale von James enthalten (die noetische Qualität ist im Kriterium »Objektivität und Realität« enthalten). Bezüglich der Unaussprechlichkeit merkt Stace an, dass diese zwar stets betont werde, andererseits aber ausführliche Schilderungen geliefert würden. Die »behauptete« Unaussprechlichkeit bezeichnet somit vor allem die Schwierigkeit, die besondere Qualität der Erfahrung sprachlich zu vermitteln.

»Einheit« führt die Aufzählung von Stace an und wird von ihm als wichtigstes definierendes Merkmal angesehen. Dies spiegelt sich auch im Begriff der *Unio mystica* wider und in der zentralen Aussage der Mystiker: »Alles ist eins.« Aufgrund seiner Analyse von Berichten aus verschiedenen Kulturen und Epochen kam er zu dem Schluss, dass es sich um einen kulturunabhängigen gemeinsamen Kern solcher Erfahrungen handele. Auch die umfassende Analyse von Erlebnisberichten von Marshall aus dem Jahr 2005 resultiert in einer ähnlichen Liste von Merkmalen. Wiederum steht das Erleben von Einheit an erster Stelle.

In der empirischen Forschung mit Fragebögen zeigte sich ebenfalls wiederholt ein Faktor zu mystischen Erlebensweisen. So etwa in der internationalen Studie zu veränderten Bewusstseinszuständen von Dittrich et al. (1985). Der entsprechende Faktor wurde hier »Ozeanische Selbstentgrenzung« benannt, in Anlehnung an den Begriff des ozeanischen Gefühls von Sigmund Freud. In den entsprechenden Aussagen der Fragebogenskala werden vor allem die Erfahrung von Einheit, Paradoxie und tiefen positiven Gefühlen ausgedrückt. Als repräsentative Beispiele seien genannt:

- Alle Dinge schienen sich zu einem einzigen Ganzen zu vereinen.
- Ich fühlte mich eins mit meiner Umgebung.
- Vergangenheit, Gegenwart und Zukunft erlebte ich als eine Einheit.
- Ich verspürte einen Hauch von Ewigkeit.
- Gegensätze und Widersprüche schienen sich aufzulösen.
- Ich empfand tiefen Frieden in mir.
- Ich empfand grenzenlose Freude.
- Ich empfand eine allumfassende Liebe.

In dieser internationalen Studie waren die Auslöser der veränderten Bewusstseinszustände sowohl Meditation als auch die Einnahme psychoaktiver Substanzen. In einer eigenen Studie mit erfahrenen Meditierenden verschiedener Richtungen ergab sich ebenfalls ein Hauptfaktor »Mystisches Erleben« (Ott, 2000), was unterstreicht, dass zeitgenössische Meditierende ähnliche Erfahrungen machen, wie sie in den Überlieferungen der meditativen Traditionen beschrieben werden.

Im letzten Tiefenbereich der Meditation nach Piron (2003) ist die Erfahrung von Einheit bereits in der Bezeichnung *Non-Dualität* angesprochen. Die Aufspaltung in ein

Subjekt und davon getrennte Objekte der Außenwelt, die das normale Alltagsbewusstsein kennzeichnet, wird aufgehoben. Die Erfahrung, dass alles eins ist, hat dabei die Qualität einer Wahrnehmung. Die Betroffenen haben den Eindruck, mit einer objektiven Realität in Berührung gekommen zu sein, die wirklicher ist als die Realität, die sie im normalen Wachzustand erleben (Marshall, 2005).

Erklärungsansätze

Wie lassen sich derartige Bewusstseinsveränderungen erklären? Angesichts des engen Zusammenhangs zwischen subjektivem Erleben und Vorgängen im Gehirn ist davon auszugehen, dass solche drastischen Änderungen in der Selbst- und Weltwahrnehmung eine Entsprechung auf neurophysiologischer Ebene haben, ein sogenanntes *neuronales Korrelat.*

Von Neuropsychologen und Medizinern wurden bereits einige Hypothesen dazu formuliert, wie durch die Konzentration auf ein Meditationsobjekt mystische Erfahrungen hervorgerufen werden könnten. So mutmaßte Persinger (1983), dass die Wiederholung von Mantras zu einer starken Anregung des Temporallappens führe, der aufgrund seiner neuronalen Architektur besonders leicht in epileptische Erregungsmuster überführt werden könne. Dieser Vorgang einer selbstinduzierten epileptischen Erregung wird als *kindling* bezeichnet. Zur Unterstützung seiner Annahmen präsentierte Persinger die Fallstudie eines Meditierenden (1984) und verwies auf religiöse Erfahrungen bei Patienten mit Temporallappenepilepsie.

Ein ausgefeiltes Modell neurophysiologischer und neurochemischer Veränderungen bei Meditierenden, das auch zahlreiche Befunde anderer Forschungsgruppen zu integrieren versucht, legten Newberg und Iversen (2003) vor.

Ihre zentrale These hinsichtlich mystischer Erfahrungen besagt, dass durch eine intensive Fokussierung auf Meditationsobjekte oder Gebetsinhalte der sensorische Zustrom in den *parietalen* Cortex blockiert würde, der uns über unsere Position im dreidimensionalen Raum informiert. Dieser Effekt sei sowohl bei tibetischen Mönchen (Newberg et al., 2001) als auch bei Franziskaner-Nonnen (Newberg et al., 2003) aufgetreten und für die Auflösung des Ich-Gefühls während tiefer Meditations- bzw. Gebetserfahrungen verantwortlich.

Der Verlust der gewohnten räumlichen Orientierung ist jedoch nur ein Aspekt der mystischen Erfahrung neben anderen (siehe obige Liste von Merkmalen nach Stace). So belegten Beauregard und Paquette (2006) in einer Studie mit Karmeliter-Nonnen, die sich lebhaft an mystische Erfahrungen erinnern sollten, während sie im Magnetresonanztomographen lagen, eine verstärkte Aktivierung in mehreren Hirnregionen, denen jeweils spezifische Erlebenskorrelate zugewiesen wurden:

- rechter, mittlerer Temporalcortex: Eindruck, mit einer spirituellen Realität in Berührung gekommen zu sein (in Anlehnung an Persinger, siehe oben)
- Nucleus caudatus, beidseitig: Gefühle der Freude und bedingungslosen Liebe
- linker Hirnstamm und Inselcortex: Körperempfindungen, die die intensiven Gefühle begleiten
- linker, mittlerer Präfrontalcortex und anteriorer cingulärer Cortex: Wahrnehmung und Bewusstheit der Gefühle
- mittlerer Orbitofrontalcortex: subjektives Angenehmsein der Erfahrung
- parietaler Cortex: Erweiterung des Selbsterlebens, Veränderung des Körperschemas

Die Autoren der Studie räumen ein, dass sie lediglich Erinnerungen an mystische Erfahrungen untersucht haben. Das Phänomen eines plötzlichen Erwachens in eine zeit- und grenzenlose Realität, in der die Einheit mit allem als objektive Gegebenheit wahrgenommen wird, ist nicht identisch mit einer willkürlich hervorgerufenen Erinnerung an solch eine Erfahrung. Im Widerspruch zu den Annahmen von Newberg trat im parietalen Cortex keine Abnahme, sondern eine Zunahme der Aktivität auf.

In den beiden nachfolgenden Abschnitten wird eine weitere Hypothese dazu vorgestellt, welche neurophysiologischen Mechanismen der Erfahrung eines allumfassenden Einsseins zugrundeliegen könnten. Diese Hypothese liefert Erklärungen dafür, wodurch die Meditationspraxis das Auftreten mystischer Erfahrungen begünstigt (Ott, 2000; Ott, 2007) und welche Nebenwirkungen dabei auftreten können.

Wahrnehmung und Gamma-Aktivität im EEG

Das *Elektroenzephalogramm* (EEG) misst die elektrische Aktivität des Gehirns mit Hilfe von Elektroden, die auf der Kopfhaut befestigt werden. Die registrierten elektrischen Hirnwellen weisen unterschiedliche Frequenzen auf, die in mehrere Bereiche *(Frequenzbänder)* unterteilt sind:

- Delta (unter 4 Hz): tritt vor allem im Tiefschlaf auf
- Theta (4 bis 7 Hz): kennzeichnet leichten Schlaf und Zustände des Dösens
- Alpha (8 bis 12 Hz): kennzeichnet den entspannten Wachzustand
- Beta (13 bis 30 Hz): bei wacher Aufmerksamkeit, geistiger Anspannung, emotionaler Erregung

- Gamma (30 bis 80 Hz): kurzzeitig in eng umschriebenen Gebieten während fokussierter Aufmerksamkeit

Die langsamen EEG-Wellen bei geringer Aktivierung (Delta, Theta und Alpha) werden als Ruhe- oder Leerlauf-Rhythmen angesehen, bei denen relativ große Gehirnareale synchronisiert feuern, so dass sich die Potentiale der einzelnen Nervenzellen summieren und die Amplituden in der Regel zwischen 30 und 150 µV liegen. Beta- und Gamma-Wellen begleiten demgegenüber Aktivierungs- und Informationsverarbeitungsprozesse und gehen mit einer großflächigen *Desynchronisierung* einher. Beta-Wellen sind daher selten größer als 30 µV, Gamma-Wellen liegen normalerweise unter 10 µV. Hier sind es nur kleine Gebiete, in denen die Nervenzellen für kurze Zeit synchron feuern.

In den letzten Jahren hat das Interesse an Oszillationen im Gamma-Band des EEGs erheblich zugenommen, weil weitreichende Hypothesen zu ihrer Bedeutung für Aufmerksamkeits- und Wahrnehmungsprozesse formuliert wurden. Die bekannteste dieser Annahmen bezieht sich auf das sogenannte Bindungsproblem. Wenn wir einen Gegenstand wahrnehmen, werden neuronale Repräsentationen in mehreren Hirnregionen hervorgerufen, die unterschiedliche Eigenschaften des Gegenstandes verarbeiten, wie beispielsweise dessen Form, Farbe und Bewegung. Das Bindungsproblem besteht darin, dass die verteilten Aktivierungsmuster in irgendeiner Weise zu einem einheitlichen Wahrnehmungsobjekt verbunden werden müssen.

Singer (1993) konnte zeigen, dass offenbar *kohärente* Oszillationen im Gamma-Band des EEGs die Zugehörigkeit zu einem Objekt anzeigen. Die entsprechenden Repräsentationen schwingen also nicht nur mit derselben Frequenz, sondern phasengleich, d.h. die Berge und Täler der Wellen treten exakt zum gleichen Zeitpunkt auf. Unser Gehirn ist ständig damit beschäftigt, Wahrnehmungsobjekte aus dem Hintergrund herauszulösen. Wenn wir zwei Objekte als voneinander verschieden wahrnehmen, dann schwingen die Neuronenverbände, die sie im Gehirn repräsentieren, nicht kohärent, sondern mit verschobenen Phasen. Wenn wir zwei Objekte als zusammengehörig wahrnehmen, weil sie sich beispielsweise gleichförmig bewegen, dann ist die Kohärenz ihrer Repräsentationen erhöht.

Bei alltäglichen Handlungen wandert der Fokus der Aufmerksamkeit mit großer Geschwindigkeit und Leichtigkeit von Objekt zu Objekt und verbindet mühelos zugehörige optische und akustische Sinneseindrücke zu einem Gesamterleben der Außenwelt. Zur Ausführung von Handlungen existieren Programme zur Koordination von Wahrnehmung und Motorik. Dabei erleben wir uns normalerweise als von der Außenwelt getrenntes Individuum. Das heißt, dass die Repräsentationen von uns selbst in Form unserer Körperempfindungen nicht verbunden werden mit dem, was wir an Objekten in der Außenwelt wahrnehmen.

Eine Hypothese, die erstmals in meiner Doktorarbeit (Ott, 2000) formuliert wurde, besagt, dass während mystischer Erfahrungen die Repräsentationen von Innen- und Außenwelt miteinander verschmelzen, weil es zu einer großräumigen Synchronisierung der EEG-Wellen im Gamma-Bereich kommt. Im normalen Wachzustand sorgt ein fein abgestimmtes System von hemmenden und erregenden Schaltkreisen für ein geordnetes Nebeneinander und Nacheinander von Bewusstseinsinhalten. Wir teilen das Wahrnehmungsfeld in ein Subjekt und verschiedene Objekte auf, die voneinander getrennt sind. Der Fokus der Aufmerksamkeit greift jeweils einzelne Aspekte der Innen- und Außenwelt heraus und bildet sinnvolle Abfolgen von Wahrnehmungen und Aktionen.

Diese psychischen Vorgänge sind begleitet von einem raschen Auftauchen und Verschwinden von *Gamma-Oszillationen*, die jeweils nur für kurze Zeit die Repräsentationen bilden, die gerade aktiv sind. Für die zuverlässige Informationsverarbeitung ist diese raumzeitliche Koordination der Hirnaktivität von grundlegender Bedeutung (siehe Varela et al., 2001). Bei einer globalen Synchronisierung der Gamma-Aktivität wäre keine Differenzierung mehr möglich, weil alle Wahrnehmungsinhalte zu einem einheitlichen Ganzen verbunden würden.

In der älteren wissenschaftlichen Literatur existieren vereinzelte Berichte, dass bei Meditierenden während tiefer Meditation eine erhöhte Gamma-Aktivität im EEG auftrat. Diese Befunde ließen sich in einer eigenen Studie zunächst nicht bestätigen (Ott, 2000). Seither sind jedoch einige weitere Studien erschienen, die von ungewöhnlicher hoher Gamma-Aktivität im EEG während veränderter Bewusstseinszustände berichten. So entdeckten Stuckey et al. (2005) eine starke Zunahme der Kohärenz im Gamma-Band bei zwei Personen während einer Gipfelerfahrung, die durch *Ayahuasca*, eine psychedelische Droge, ausgelöst worden war.

In einer qualitativ hochwertigen EEG-Studie von Lutz et al. (2004) mit tibetischen Mönchen traten während einer Meditation allumfassenden Mitgefühls ebenfalls ungewöhnlich starke Gamma-Wellen auf, und zwar phasensynchron zwischen vorderen und hinteren Regionen sowie rechter und linker Hirnhälfte. Zudem war die Gamma-Aktivität während einer Ruhemessung umso höher, je länger die Mönche Meditation praktizierten. Eine Übersicht der bisher vorliegenden Befunde und neue Ergebnisse wurden schließlich von Cahn et al. (2010) publiziert. Sie entdeckten bei Meditierenden aus der Vipassana-Tradition erhöhte Gamma-Aktivität in hinteren Bereichen des Cortex *(parietal-okzipital)*. Der Anstieg der Gamma-Aktivität war bei Langzeitmeditierenden mit mehr als zehn Jahren Praxis besonders ausgeprägt.

Die genannten Befunde sind ein Indiz dafür, dass die Gamma-Aktivität im EEG durch langjährige Meditationspraxis ansteigt. Ob es während mystischer Erfahrungen zu einer globalen Synchronisierung im Gamma-Bereich kommt, ist bisher ungeklärt, weil derartige Erfahrungen nur selten auftreten und nicht ohne weiteres unter Laborbedingungen herstellbar sind. Die Seltenheit und das unwillkürliche Auftreten mystischer Erfahrungen stellen für die empirische Forschung eine große Herausforderung dar (Ott, 2000, 2007) und erfordern eine enge Kooperation zwischen Forschern und Personen, die intensiv Meditation praktizieren (Ott, 2008). In zukünftigen Studien wird sich erweisen, ob mystische Erfahrungen bei Meditierenden tatsächlich mit einer verstärkten Gamma-Aktivität im EEG einhergehen. Solange weitere empirische Belege ausstehen, handelt es sich lediglich um eine plausible Spekulation. Es spricht jedoch einiges dafür, dass eine globale Synchronisierung möglich ist und dass Meditationstechniken gezielt darauf ausgerichtet sind, ein solches Phänomen hervorzurufen (Ott, 2000).

Phasenübergänge der Hirndynamik

Aktuelle Modelle der Hirndynamik erklären, wie komplexe Interaktionen hemmender und erregender Aktivität im Gehirn das synchrone Feuern von Nervenverbänden im Gamma-Frequenzbereich regulieren (Bojak & Liley, 2007; Freeman & Vitiello, 2006). Die Forschung zu veränderten Bewusstseinszuständen zeigt, dass die Regulationsmechanismen von einer intakten Hirnstruktur, einem neurochemischen Gleichgewicht und einem mittleren Erregungsniveau abhängen (Vaitl et al., 2005). Durch den Wach-Schlaf-Rhythmus, neurologische und psychiatrische Erkrankungen (Epilepsie, Schizophrenie), psychoaktive Substanzen (Narkosemittel, psychedelische Drogen etc.) und psychophysische Übungen (Hyperventilation, Meditation) wird die Hirndynamik stark beeinflusst. Insbesondere wenn Kontrollfunktionen im Präfrontalcortex vorübergehend aussetzen, kann es zu einer Vielzahl ungewöhnlicher Erfahrungen kommen (Dietrich, 2003).

Während der Meditation ist die Stimulation durch Umgebungsreize stark herabgesetzt, und durch die bewegungslose Haltung nehmen auch die Rückmeldungen aus dem Körper ab. Dies stellt eine milde Form des Reizentzugs dar, der vermutlich dafür verantwortlich ist, dass Teilnehmer intensiver Meditationskurse von einem verstärkten Auftreten innerer Bilder berichten. Durch das gleichmütige Beobachten stellt sich schließlich ein Zustand großer Wachheit, Aufmerksamkeit, Klarheit und Stille ein. Solch ein Zustand könnte die ideale Voraussetzung dafür sein, dass sich die Gehirndynamik verselbständigt und spontan in einen Zustand globaler Synchronisierung übergeht.

Auf der Ebene der Hirndynamik wird ein derartiges Geschehen als Phasenübergang bezeichnet. Dazu kommt es beispielsweise beim Erwachen aus dem Schlaf oder wenn ein epileptischer Anfall auftritt. Die Hirndynamik kann sehr schnell von einem Aktivitätsmodus in einen anderen wechseln. Der Übergang von einem kontrollierten Modus selektiver und sequentieller Informationsverarbeitung in einen Zustand globaler Synchronisierung schneller EEG-Wellen im Gamma-Bereich würde die Erfahrung einer allumfassenden Einheit während mystischer Erfahrungen erklären.

Die Aufgabe der Kontrolle und Selektivität birgt jedoch auch das Risiko einer Desintegration. Durch die Einnahme psychedelischer Drogen können nicht nur mystische Erfahrungen ausgelöst werden, sondern auch sogenannte Horrortrips, die mit einer »angstvollen Ich-Auflösung« einhergehen (Dittrich et al., 1985). Durch den Kontrollverlust kann der Cortex mit Inhalten überflutet werden (Vollenweider & Geyer, 2001). Ebenso kann es durch intensive Meditation zu einer Destabilisierung kommen (Scharfetter, 1992). Die nachfolgenden Übungen sind daher nicht für psychisch labile Personen geeignet.

Meditationsübungen

Alle Übungen in den vorherigen Kapiteln setzen voraus, dass Sie über eine funktionierende Ich-Kontrolle verfügen, und haben Sie darin unterstützt, Ihre Fähigkeit zur Steuerung der inneren Abläufe auszubauen. Aus der Sicht dieses Kapitels dienten all diese Übungen lediglich der Vorbereitung für eine weitere Stufe, bei der Sie diese Ich-Kontrolle vorübergehend aufgeben. Der Geist ist ständig damit beschäftigt, Erinnerungen, Fantasien, Erwartungen, Wünsche und Hoffnungen hervorzubringen. Bei den Meditationsübungen selbst hatten Sie die Absicht, bestimmte Ziele zu erreichen. Sie haben aufgrund der Anleitungen automatisch Erwartungen gebildet, welche erwünschte Wirkung diese oder jene Übung haben wird. Dies hat Sie zum Üben motiviert.

In diesem Kapitel besteht die Absicht paradoxerweise darin, keinerlei Absichten zu verfolgen, sondern sich ganz dem zu öffnen, was in diesem Moment ist. Dies beinhaltet, keine Hoffnungen und Erwartungen aufzubauen, welche Zielzustände in der Zukunft durch die gegenwärtige Handlung erreicht werden sollen. Dem üblichen Handlungsmodus, der Ihnen dabei dienlich ist, Ihren Alltag zu bewältigen, indem Sie Absichten verfolgen und Handlungen vollziehen, um bestimmte Ziele zu erreichen, diesem Modus wird in den nachfolgenden Übungen entgegengewirkt. Mystische Erfahrungen unterliegen nicht der willkürlichen Kontrolle. Bemühungen und Anstrengungen wären kontraproduktiv. Sie können nichts tun, außer alle Erwartungen, Wünsche und Hoffnungen aufzugeben. Wenn Sie alle ich-zentrierten geistigen Vorgänge, die um die Vergangenheit und Zukunft kreisen, zur Ruhe bringen, besteht die Chance, dass ein fundamentaler Wechsel der Wahrnehmung stattfindet, der mit einer tiefen Selbsterkenntnis einhergeht. Mystiker beschreiben dies als die Erfahrung der Identität mit einem Urgrund der Wirklichkeit, der hinter allen Formen liegt, mit denen wir uns normalerweise identifizieren (Körper, Persönlichkeit, Rollen).

Die nachfolgenden Übungen zielen allesamt darauf ab, ein Bewusstsein dafür zu entwickeln, wie wir eine begrenzte subjektive Welt erschaffen, durch die wir uns bewegen wie durch einen Tunnel. Dieser »Ego-Tunnel« (Metzinger, 2009) beruht auf einem Modell, das wir von uns selbst und unserer Umwelt entwickelt haben. Mystische Erfahrungen eröffnen eine veränderte Perspektive, die die Vorstellungen von der eigenen Person nachhaltig beeinflussen kann, indem sie deren *konstruktive* Natur offenbart.

De-Automatisierung

Wie viele Tätigkeiten führen Sie automatisch und damit weitgehend unbewusst aus? Sie haben bereits gelernt, bewusster zu atmen, Ihren Körper zu spüren, wenn Sie sitzen oder stehen und gehen. Aber wie oft im Alltag bewegen Sie sich fort, ohne zu spüren, wie Sie die Treppen steigen oder das Auto steuern. Wie viele Handlungen laufen ab, ohne dass Sie bewusst mitbekommen, was Sie gerade tun? Für viele Verhaltensweisen verfügen wir über Skripte, in denen der Ablauf von Handlungen festgelegt ist. Wir benötigen nur einen kleinen Teil unserer geistigen Ressourcen zur Überwachung, dass sich alles im erwarteten Rahmen bewegt, und können parallel dazu über alles mögliche andere nachdenken.

Im Alltag führt dies dazu, dass wir oft nicht ganz bei der Sache sind, die wir gerade tun, sondern immer schon beim nächsten Schritt oder auch ganz woanders. Mystische Erlebensweisen sind hingegen dadurch gekennzeichnet, dass der oder die Betreffende völlig in einer Sache aufgeht. Sie können sich in diesem Erfahrungsmodus üben, indem Sie versuchen, den sogenannten »Autopilotenmodus« (Kabat-Zinn, 2006) zu verlassen. Richten Sie Ihre gesamte Aufmerksamkeit auf das, was Sie jeweils tun, auch wenn es eine routinierte Alltagshandlung ist, wo dies eigentlich nicht erforderlich wäre. Unterbrechen Sie immer wieder die Routine, indem Sie sich fragen: »Was ist jetzt?«

Anregungen für Übungen im Alltag finden Sie am Ende des Buches bei den weiterführenden Hinweisen (»Informelle Achtsamkeitsübungen«). Bei der Sitzmeditation besteht die Übung darin, keine Meditationsroutine zu entwickeln, sondern einen »Anfänger-Geist« zu bewahren, so als ob Sie sich zum ersten Mal zur Meditation hingesetzt hätten und keine Ahnung haben, was passieren wird. Setzen Sie sich zur Meditation, ohne ein bestimmtes Resultat zu erwarten. Lassen Sie sich überraschen von dem, was passiert, und seien Sie nicht enttäuscht, wenn nichts Besonderes passiert.

Ohne Erwartungen zu sein ist keine leichte Aufgabe. Beobachten Sie, wie Sie auch beim Lesen ständig im Hintergrund Erwartungen bilden, um für sich zu entscheiden, ob Sie eine Übung ausprobieren möchten. Klingt es attraktiv, eine mystische Erfahrung zu machen? Möchte ich das Risiko eingehen, meine Zeit zu verschwenden? Der geistige Apparat ist ständig dabei, zu überprüfen und zu bewerten, welche Verhaltensweisen welche Konsequenzen haben werden. Versuchen Sie wahrzunehmen, was Sie reizt und motiviert, was Sie attraktiv oder irritierend finden und wie sich daraus Ihre Entscheidungen bilden. Beobachten Sie das Spiel Ihres eigenen Egos, wenn Sie sich zur Meditation hinsetzen, ohne ein klares Ziel zu definieren. Identifizieren Sie sich mit dem Beobachter, der einfach nur zuschaut, ohne irgendetwas tun zu müssen oder sich zu rechtfertigen.

●

Die einzige Aufgabe dieses Buches besteht darin, Sie bei verschiedenen Experimenten der Selbsterforschung anzuleiten. In diesem Kapitel geht es darum, dass Sie eine Meta-Perspektive auf Ihr eigenes Leben einnehmen und hinterfragen, wie Sie sich selbst sehen und Ihr Leben organisieren. Erst wenn Sie den Autopiloten bemerken, können Sie sich entscheiden, ihn auszuschalten und die Wahrnehmung des gegenwärtigen Geschehens zu intensivieren. Erwartungen, Wünsche, Hoffnungen und Sorgen sind auf die Zukunft gerichtet und verstellen Ihnen den Blick für das, was jetzt ist. Versuchen Sie all diese Projektionen, Simulationen und Denkprozesse zeitweise beiseitezulassen. Lernen Sie in der Meditation, sich dem Hier und Jetzt zu öffnen, und bewahren Sie diese Offenheit bei der Wahrnehmung der Umwelt und dem Kontakt mit Ihren Mitmenschen. Dadurch können Sie die Spontaneität und Kreativität Ihrer Handlungen steigern. Richten Sie die

Aufmerksamkeit nicht nur auf einzelne Aspekte einer Situation, sondern versuchen Sie stets, die Gesamtsituation im Blick zu behalten. Entdecken und nutzen Sie die Freiheit zur Selbstbestimmung Ihres Lebens, indem sie jene Skripte verändern, die nicht dem entsprechen, was Sie wirklich wollen.

Existentielle Fragen

In der Meditation können Sie Selbsterkenntnisse gewinnen, die Ihnen Antworten auf die Frage liefern, wer Sie sind und was Sie in Ihrem Leben verwirklichen möchten. Sie können sich für eine Zeit aus dem Alltag zurückziehen, um sich auf sich selbst zu besinnen und neu auszurichten. Auf diese Weise wirken Sie der Gewöhnung und Abstumpfung entgegen.

Machen Sie sich klar, dass Ihre Lebenszeit begrenzt ist. Setzen Sie sich mit dem eigenen Tod auseinander und damit, dass er Sie jederzeit ereilen kann. Sind Sie bereit zu sterben? Wenn Sie in der Meditation über diese Frage reflektieren, führt Sie dies automatisch zu einer übergeordneten Perspektive auf Ihr Leben. Im Bewusstsein Ihrer Sterblichkeit – was ist der Sinn Ihres Lebens?

Oft sind es existentielle Bedrohungen, Erfahrungen der Todesnähe oder die Beschäftigung mit Sinnfragen, die schließlich in mystische Erfahrungen münden. Es gibt zahlreiche prominente Beispiele dafür, dass Sinnkrisen und Zustände großer Hoffnungslosigkeit einem Durchbruch zu tieferen Seinsebenen vorausgingen (Osho; Ramakrishna; Ramana Maharshi; Tolle).

Auf der anderen Seite können auch extrem positive Emotionen mystische Verschmelzungserlebnisse auslösen, etwa die Begegnung mit geliebten Menschen, die überwältigende Schönheit der Natur oder das Aufgehen in einer sportlichen oder künstlerischen Tätigkeit. Gibt es solche Situationen, in denen Sie sich eins mit anderen Menschen, der Natur, ihrem Tun fühlen? In welchen Situationen fühlen Sie sich ganz eins mit sich selbst, mit anderen Menschen, mit der Natur? Können Sie dieses Gefühl in der Meditation hervorrufen?

●

In der Meditation zur Entwicklung von Mitgefühl haben Sie bereits versucht, ein Gefühl der Verbundenheit mit allen lebenden Wesen herzustellen. Wenn sich im Zuge einer mystischen Erfahrung die Wahrnehmung des »Alles ist eins« einstellt, dann führt das von ganz alleine zu einem veränderten Verhältnis zu den Mitmenschen und der Natur. Vorurteile und Vorbehalte anderen gegenüber sind dann wie weggeblasen, und es entsteht eine emotionale Offenheit, die ein sicheres Kriterium erfolgreicher Meditation darstellt. Je mehr Sie sich von Ängsten und Projektionen befreit haben, desto klarer können Sie sich selbst und Ihre Mitmenschen wahrnehmen.

Seinsebenen verbinden

Die Integration der vorhergehenden Übungsstufen zu einem ganzheitlichen Seinsgefühl können Sie gezielt fördern, indem Sie die einzelnen Ebenen schrittweise miteinander verbinden. Beginnen Sie zunächst damit, sich Ihren Körper bewusst zu machen. Arbeiten Sie so lange mit den Übungen zur Körperhaltung, bis Sie das Gefühl haben, aufrecht und entspannt zu sitzen. Dann gehen Sie weiter zur nächsten Ebene und richten die Aufmerksamkeit auf die Atmung. Wenn Sie bewusst atmen, tritt die Wahrnehmung der sonstigen Körperempfindungen automatisch in den Hintergrund. Der nächste Schritt besteht nun darin, Körperempfindungen und Atemempfindungen gleichzeitig wahrzunehmen. Weiten Sie Ihre Aufmerksamkeit, so dass Sie Ihren Körper und Ihre Atmung zugleich wahrnehmen, ohne hin und her wechseln zu müssen.

Das gleiche Prinzip wenden Sie anschließend auch bei den Gefühlen und dem Denken an. Zuerst praktizieren Sie die Übungen für die emotionale und mentale Ebene alleine, dann verbinden Sie die emotionale Qualität mit der Wahrnehmung der Körperempfindungen und der Atmung. Lernen Sie, Schritt für Schritt eine weitere Ebene einzubeziehen, um schließlich zu einer ganzheitlichen Wahrnehmung zu gelangen, bei der die Unterscheidung in Ebenen keine Rolle mehr spielt. Alle Bewusstseinsinhalte werden gleichermaßen beachtet und präsent gehalten. Vielleicht kommt Ihnen ein Wort oder eine Formel in den Sinn, die dieses Seinsgefühl ausdrückt und verstärkt?

Jede der Stufen ist mit einem bestimmten Ziel verbunden, und Sie haben Übungen kennengelernt, mit denen Sie diese Ziele erreichen können:

- Sitzen: aufrecht und entspannt
- Atmen: ruhig und gleichmäßig
- Fühlen: Gleichmut, Wohlwollen und Mitgefühl kultivieren

- Denken: klare Sicht und Regulation der Gedankentätigkeit
- Sein: Erkenntnis der Einheit, Integration aller Ebenen;

sitzen – atmen – fühlen – denken – sein

Sie verfügen nun über die nötigen Informationen, um die eigene Meditationspraxis nach Ihren Zielsetzungen zu gestalten. Falls es Ihnen schwerfallen sollte, die Übungen alleine umzusetzen, dann finden Sie im abschließenden Kapitel Hinweise zu Kursangeboten, Übungen für den Alltag und technischen Hilfsmitteln.

WEITERFÜHRENDE HINWEISE

Üben in der Gruppe

Bei der Selbsterforschung mittels der Meditationsanleitungen in diesem Buch sind Sie auf sich allein gestellt. Sollten Sie nach einiger Zeit feststellen, dass Sie mit der autodidaktischen Methode alleine nicht erfolgreich sind, dann empfehle ich Ihnen, zum Einstieg einen Kurs zu besuchen. Ein Buch ist naturgemäß kein vollwertiger Ersatz für die persönliche Anleitung durch einen erfahrenen Meditationslehrer. Wenn Sie gemeinsam mit anderen in einer Gruppe meditieren, kann dies außerdem die Motivation steigern und Möglichkeiten für den Erfahrungsaustausch eröffnen.

Für den Einstieg empfehlenswert ist beispielsweise das Training »Stressbewältigung durch Achtsamkeit« von Jon Kabat-Zinn (2006), das Yoga mit verschiedenen buddhistischen Meditationstechniken (Atemachtsamkeit, Body-Scan) und Achtsamkeitsübungen im Alltag kombiniert. Dieses standardisierte verhaltensmedizinische Programm geht über einen Zeitraum von acht Wochen, und seine positiven Wirkungen auf die Gesundheit sind in zahlreichen wissenschaftlichen Studien bestätigt worden (Koch, 2007; Müller & Ziehen, 2009). Entsprechende Meditationskurse in Ihrer Region finden Sie über eine Recherche im Internet mit dem Suchbegriff MBSR, der Abkürzung für die englische Bezeichnung *mindfulness-based stress reduction*. Links zu Adressen qualifizierter Lehrerinnen und Lehrer im deutschsprachigen Raum finden Sie auch auf der Website zum Buch.

Im Laufe der Übungspraxis kann es vorkommen, dass

die Motivation zum Meditieren phasenweise nachlässt, weil Sie mit unangenehmen Empfindungen konfrontiert werden, die Sie lieber vermeiden möchten. Eine Ausrede, warum Sie heute lieber nicht meditieren möchten, ist dann schnell zur Hand, und der bekannte »innere Schweinehund« setzt sich durch. Wenn es Ihnen nicht gelingen sollte, genügend Selbstdisziplin aufzubringen, um sich regelmäßig hinzusetzen, dann versuchen Sie in Ihrer Umgebung Gleichgesinnte zu finden und vereinbaren Sie einen Termin in der Woche, an dem sie gemeinsam meditieren. Bei der regelmäßigen Meditation in der Gruppe werden Sie feststellen, dass eine besondere Atmosphäre der Wachheit, Achtsamkeit und Präsenz entsteht, die Sie dabei unterstützt, tiefere Erfahrungen zu machen. In einer eigenen Interview-Studie gaben Meditierende an, dass das Meditieren in der Gruppe tatsächlich einer der Faktoren ist, die die Meditationstiefe am stärksten fördern (Müller, 1997).

Besuchen und testen Sie Yoga-Zentren, Zen-Kreise und andere Meditationsangebote vor Ort. In der Regel gibt es die Möglichkeit, kostenlose Termine zum Kennenlernen wahrzunehmen. Prüfen Sie, welche Methoden Ihnen zusagen und ob eine Atmosphäre der Offenheit und Wertschätzung herrscht. Sie werden sehr schnell feststellen, ob Ihnen die Gruppe und die Ausstrahlung der Lehrer bzw. länger Praktizierenden zusagt. Hüten Sie sich vor Angeboten, bei denen kommerzielle Interessen im Vordergrund stehen oder die Praxis in Ideologien eingebunden ist. Wenn Sie einen religiösen Hintergrund haben, können Sie auch in Ihrer Kirche nachfragen, ob Meditationsangebote bestehen.

Kurze Übungszeiträume im Alltag reichen selten dazu aus, in tiefere Erfahrungsbereiche vorzudringen. Wenn Sie den Eindruck haben, dass Sie nicht weiterkommen, und in Ihnen der Wunsch nach einer intensiveren Praxis entsteht, dann suchen Sie nach mehrtägigen Meditationskursen in einem eigens dafür eingerichteten Zentrum. Es gibt viele Angebote von Klöstern, Exerzitienhäusern, buddhistischen Zentren usw., die es Ihnen gestatten, für eine Weile aus dem Alltagstrott auszusteigen und intensiver zu meditieren. Auf der Website zum Buch finden Sie Hinweise, wie Sie ein geeignetes Zentrum für sich finden können.

Informelle Achtsamkeitsübungen

Als Ergänzung zur formellen Sitzmeditation sind sogenannte informelle Übungen sinnvoll, um die Achtsamkeit und Bewusstheit im Alltag zu steigern. Wählen Sie dazu wiederkehrende Alltagshandlungen, die Sie normalerweise sehr stark automatisiert und unbewusst ausführen. Dazu gehören einfache Dinge wie das Gehen, Treppensteigen oder Stehen an einer Haltestelle oder Kasse beim Einkaufen. Die Zeiten, die Sie bisher darauf verwendet haben, sich Gedanken über alles Mögliche zu machen oder darüber zu ärgern, dass Sie nicht schnell genug zum Ziel kommen, können Sie dazu nutzen, alle Aufmerksamkeit auf die Handlung selbst zu richten oder eine der Meditationsübungen wie beispielsweise die Atemachtsamkeit zu praktizieren.

Entdecken Sie, wie sich Handlungen zum Positiven verändern, wenn Sie diese mit Achtsamkeit ausführen, anstatt sich zu hetzen. Genießen Sie jeden Augenblick, wenn Sie unter der Dusche stehen oder in der Badewanne liegen. Und achten Sie darauf, wie Sie essen. Schlingen Sie die Nahrung herunter, oder nehmen Sie sich Zeit, Aussehen, Geruch und Geschmack wahrzunehmen? Verlangsamen Sie den Vorgang des Essens, und machen Sie sich bewusst, wie die Lippen die Nahrung umfassen und Sie beim Kauen und Schlucken mit der Zunge die Speisen im Mund bewegen. Achten Sie auch darauf, wie Sie nach dem Essen automatisch mit der Zunge den Mundraum reinigen. Durch diese Übung können Sie nicht nur die Intensität der Geschmackswahrnehmung und den Genuss steigern – das langsamere Kauen unterstützt auch die Verdauung, und Sie benötigen weniger Nahrung, um satt zu werden. Lassen Sie nicht den Gaumen oder die Menge auf dem Teller, sondern den Bauch entscheiden, wann es genug ist. Es existieren inzwischen eigene Programme, um Essstörungen mit Hilfe von Achtsamkeitsübungen zu behandeln (Kristeller, 2006; eine Bibliographie von Williams & Zylowska, 2009, listet 15 Artikel zu diesem Thema auf).

Sie können die Aufmerksamkeit auch dadurch erhöhen, dass Sie Dinge anders tun als sonst. Gehen Sie nicht immer denselben Weg, sondern bauen Sie Variationen ein, die verhindern, dass Sie einer Routine verfallen. Entscheiden Sie spontan, welchen Weg Sie einschlagen. Führen Sie einfache Tätigkeiten, die Sie üblicherweise mit einer bestimmten Hand erledigen, einmal mit der anderen Hand aus; wechseln Sie zum Beispiel beim Abtrocknen des Geschirrs die Hand, die festhält, und jene, die trockenwischt. Dies führt Sie von selbst dazu, dem mehr Aufmerksamkeit zu schenken, was Sie gerade tun.

Zu guter Letzt machen Sie auch das »stille Örtchen« zu einem Ort der Besinnung. Gönnen Sie sich einige Atemzüge zur Entspannung und lassen Sie sich nicht hetzen. Nutzen Sie auf diese Weise über den Tag hinweg viele Gelegenheiten für informelle Achtsamkeitsübungen, so dass Ihr alltäglicher Lebensvollzug langfristig immer mehr zu einer kontinuierlichen Meditation wird, die während der formellen Sitzmeditation lediglich intensiviert wird. Die Meditation ist nicht Selbstzweck, sondern zielt darauf ab, das Bewusstsein generell zu erhöhen, und dieser Transfer gelingt am besten, wenn Sie den Alltag als Übungsfeld einbeziehen.

Technische Hilfsmittel

Meditation kommt als Methode der Selbstregulation weitgehend ohne Hilfsmittel aus. Es ist jedoch manchmal erforderlich, wenn nur ein bestimmter Zeitrahmen zur Verfügung steht, einen Timer zu verwenden, der das Ende der Sitzung signalisiert. Am besten verwenden Sie dazu eine elektronische Uhr, ein Mobiltelefon oder einen Handheld-Computer. Für Pocket-PCs steht ein Programm namens *Meditation Timer* von Albert Strimitzer als Freeware zur Verfügung (http://software.koan.ws). Es protokolliert auf Wunsch die Dauer der Sitzungen und bietet einen hohen und einen tiefen Glockenklang an, um Start und Ende zu signalisieren. Außerdem können in festen Zeitintervallen Klänge verwendet werden, um die Aufmerksamkeit zurückzuholen, falls man abgedriftet sein sollte. Dazu wird üblicherweise ein kurzes klackendes Geräusch verwendet, das entsteht, wenn zwei Hölzer aufeinandergeschlagen werden.

Feste Intervalle haben jedoch den Nachteil, dass man sich relativ schnell an die eingestellte Zeitspanne gewöhnt und schon bald das nächste Klacken erwartet. Um eine Gewöhnung und den Aufbau einer Erwartungshaltung zu verhindern, lassen sich beim kommerziell erhältlichen *AwareAidOn-Programm* von Ludwig Grepmair zufällige Intervalle einstellen. Außerdem kann aus einer Vielzahl von Klängen – teilweise authentische Aufnahmen aus einem Zen-Kloster – gewählt werden. Es können auch eigene Klangdateien verwendet werden, und die Auswahl der Klänge kann ebenfalls per Zufall erfolgen. Eine 7-Tage-Testversion des Programms für Windows kann von der Website (http://www.awareaidon.de) heruntergeladen werden. Weitere Versionen für Pocket-PC und Mobiltelefone sind derzeit in Vorbereitung.

Es existieren auf dem Markt auch zahlreiche sogenannte *Mind Machines*, die programmgesteuert Lichtsignale mit Tönen oder Musik kombinieren, um meditative Entspannungszustände hervorzurufen. Leider existieren in den seltensten Fällen kontrollierte wissenschaftliche Studien, die den Nachweis der Wirksamkeit erbracht haben. Als Gerät, für das zumindest eine klinische Studie vorliegt, sei exemplarisch der *Laxman* genannt. Er bietet einerseits vorgefertigte Programme *(sessions)* für verschiedene Anwendungsbereiche und erlaubt es andererseits, mit einer frei erhältlichen Editor-Software auch eigene Abläufe zu programmieren.

Wenn Sie technische Hilfsmittel einsetzen, sollten Sie darauf achten, diese lediglich zur Unterstützung einzusetzen und sich nicht davon abhängig zu machen. Das Aware-AidOn versteht sich beispielsweise ausdrücklich als ein Hilfsmittel, das sich mit der Zeit selbst überflüssig macht, vergleichbar mit Schwimmscheiben, die Sie nur in der Lernphase benötigen und später ablegen können.

Teil II

WISSENSCHAFTLICHE VERTIEFUNG

MEDITATIONSFORSCHUNG

Der erste Schritt einer wissenschaftlichen Auseinandersetzung mit einem Phänomen besteht darin, es möglichst präzise zu beschreiben. Was genau ist eigentlich »Meditation«? Wie lässt sich dieser Forschungsgegenstand definieren? Im ersten Abschnitt dieses Kapitels lernen Sie exemplarische Definitionsversuche kennen und verschiedene Blickwinkel, unter denen Meditation wissenschaftlich betrachtet werden kann. Mit jeder Perspektive sind bestimmte Fragestellungen verknüpft und Forschungsmethoden, um diese zu untersuchen. Der zweite Abschnitt gibt einen Überblick über die wichtigsten Fragen und Methoden der Meditationsforschung.

Die Entwicklung eines Forschungsfeldes vollzieht sich oft schubweise. Bestimmte Phasen und Trends sind auch in der Meditationsforschung auszumachen. Der letzte Abschnitt dieses Kapitels beleuchtet diese Entwicklungsphasen und zeigt, wie sich Meditation von einem exotischen Randphänomen zu einem etablierten Forschungsthema entwickelt hat, das mit Stichworten wie »Achtsamkeit« und »Neuroplastizität« derzeit auf ein breites wissenschaftliches und öffentliches Interesse stößt.

Definitionen und Konzepte

Bis heute existiert keine allgemein anerkannte Definition für den Begriff »Meditation«. Dies dürfte vor allem darauf zurückzuführen sein, dass viele unterschiedliche Techniken als Meditation bezeichnet werden. Bei dem Versuch, einen solchen Oberbegriff zu definieren, ergibt sich das

Problem, dass eine Definition einerseits allgemein genug sein müsste, um alle Spielarten von Meditation zu umfassen, andererseits aber nicht so allgemein sein darf, dass auch Dinge darunter fallen, die gemeinhin nicht als Meditation angesehen werden.

Dieser Balanceakt ist offenbar selbst von ausgewiesenen Experten kaum zu bewerkstelligen. So gibt beispielsweise Scharfetter (1992) folgende Definition: »Als Meditation bezeichnen wir die Bewusstseinsentfaltung, in der das eigene Selbst als eins mit dem überindividuellen Einen erfahren wird.« Wohl wissend, dass diese Definition wissenschaftlichen Ansprüchen nicht genügt, weil sie mit dem »überindividuellen Einen« einen neuen, nicht weiter definierten Begriff einführt, gibt er im Anschluss noch eine stärker akademisch ausgerichtete Definition: »Meditation ist die durch regelmäßiges Üben, eingebettet in eine gesamthaft darauf ausgerichtete Lebensführung zu gewinnende temporäre, intentionierte, selbstgesteuerte Einstellung eines besonderen (d.h. vom durchschnittlichen Tageswachbewusstsein unterschiedenen) Bewusstseinszustandes.«

Solch eine Definition ist einerseits zu eng, weil der Anspruch einer gesamthaft ausgerichteten Lebensführung erhoben wird, die keineswegs bei jedem vorliegen muss, der Meditation praktiziert. Andererseits bleibt sie äußerst vage, denn weder über die Methoden zur Bewusstseinsentfaltung wird etwas ausgesagt noch über den »besonderen« Bewusstseinszustand, der damit eingestellt werden soll. Spezifischere Aussagen zu diesen Punkten zu machen ist tatsächlich schwierig, weil sich die konkreten Techniken, Kontexte und Zielsetzungen von Meditation erheblich unterscheiden.

Was die Techniken anbelangt, existiert ein breites Spektrum von unterschiedlichen Vorgehensweisen. Bei manchen meditativen Verfahren, wie dem Tai Chi, Qigong,

Drehtanz der Sufis, einigen Varianten des Yoga, der Gehmeditation des Zen und der dynamischen Meditation nach Osho, stellen Bewegungen des Körpers einen zentralen Aspekt der Methode dar. Dem steht eine Vielfalt von »stillen« Meditationsmethoden gegenüber, die großen Wert auf das bewegungslose Verharren in einer bestimmten Körperhaltung legen. Bei der Sitzmeditation kann die Aufmerksamkeit auf unterschiedlichste Objekte, wie den Atem, eine Körperregion, ein Mantra, ein Bild, eine emotionale Qualität, eine Vorstellung etc., gerichtet werden oder aber auch auf gar kein bestimmtes Objekt.

Meditation ist heutzutage nicht mehr auf religiöse Kontexte und Zielsetzungen beschränkt, sondern wird auch in Kliniken zur Behandlung von Patienten eingesetzt, denen es primär um eine Besserung ihrer Symptome geht und nicht um spirituelle Erleuchtung. Schließlich kommt Meditation auch in Bereichen wie dem Spitzensport als Mittel zur Konzentrationsförderung zum Einsatz.

Diese große Variationsbreite traditioneller und moderner Verfahren und Anwendungsbereiche macht es außerordentlich schwierig, allgemeingültige definierende Merkmale für Meditation zu bestimmen. Ein aufwendiger Versuch in diese Richtung wurde zuletzt von Ospina et al. (2007) unternommen. Sie legten sieben Meditationsexperten insgesamt zehn Kriterien vor und baten sie einzuschätzen, ob diese für Meditation unwichtig, wichtig oder essentiell seien. Die Befragung wurde nach dem Prinzip der *Delphi-Methode* mehrfach wiederholt, wobei den Experten zuvor jeweils das Ergebnis der letzten Befragung in anonymer Form mitgeteilt wurde, in der Absicht, einen Konsens zu erzielen, definiert als eine übereinstimmende Bewertung von mindestens fünf der sieben Experten.

Nach der fünften Befragungsrunde ergab sich für drei

Kriterien ein Konsens, dass diese für Meditation essentiell seien:

- Es muss sich um eine definierte Technik handeln.
- Es kommt zu einer »Entspannung der Logik«, d.h. Analysen, Urteile und Erwartungen sind reduziert.
- Es handelt sich um einen selbstinduzierten Zustand/eine Stimmung, der/die auch unabhängig von einem Lehrer zu Hause hergestellt werden kann.

Ein viertes Kriterium verfehlte die Einstufung als essentielles Merkmal nur knapp (vier Bewertungen als »essentiell«, drei als »wichtig«):

- Geistige Ruhe und physische Entspannung durch Unterbinden des normalen Gedankenstromes

Von den verbleibenden sechs Kriterien wurden fünf als »wichtig« eingestuft:

- Psychophysische Entspannung
- Fokussierung auf einen »Anker«, um unerwünschtes Denken, Trägheit und Schlaf zu vermeiden
- Veränderte Bewusstseinszustände, mystische Erfahrungen, »Erleuchtung«, Beenden von Denkprozessen
- Einbettung in einen religiösen/spirituellen/philosophischen Kontext
- Erfahrung geistiger Stille

Lediglich das Kriterium »Selbstgesteuerte systematische Desensibilisierung« wurde mehrheitlich als unwichtig eingestuft. Bei der systematischen Desensibilisierung handelt es sich um eine verhaltenstherapeutische Technik zur Behandlung von Angststörungen, bei der Patienten schrittweise mit Angst auslösenden Reizen konfrontiert werden und lernen, gleichzeitig einen Entspannungszustand herbeizuführen, um ihre Angstreaktionen zu kontrollieren.

Nur einer der Experten war der Ansicht, dass derartige Prozesse bei der Meditation eine wichtige Rolle spielen.

Wie bewerten Sie diesen Versuch, zu einer Definition zu gelangen? Welche der genannten zehn Kriterien würden Sie selbst nach Ihrem Verständnis von Meditation als unwichtig, wichtig oder essentiell einstufen? Wenn Sie sich mit den einzelnen Kriterien auseinandersetzen: Empfinden Sie diese als hinreichend klar und eindeutig formuliert, oder sind sie Ihnen zu verschwommen und vielschichtig? Welche Begriffe tauchen in mehreren Kriterien auf und führen zu inhaltlichen Überschneidungen *(Redundanz)*? Werden Aspekte, die Ihrer Meinung nach für Meditation wesentlich sind, bei den Kriterien vielleicht gar nicht berücksichtigt?

Eine kritische Reflexion anhand dieser Fragen kann Ihnen helfen, Ihr Problembewusstsein zu schärfen und zu einer eigenen Definition zu gelangen; sie führt aber auch unmittelbar die Fragwürdigkeit dieses Ansatzes vor Augen. Obwohl die Konsensbildung anhand der Auszählung von Übereinstimmungen den Eindruck von Objektivität erweckt, ist das Verfahren in jeglicher Hinsicht durch Willkür und fehlende Transparenz geprägt. Dies betrifft die Auswahl der zehn Kriterien, der sieben Experten und der drei Urteilskategorien sowie die Anzahl der Befragungsrunden und die Festlegung, bei fünf von sieben gleichlautenden Urteilen von einem Konsens zu sprechen. Warum keine Mehrheitsentscheidung? Was führt die Experten dazu, ihre Urteile über die Runden hinweg zu verändern – Einsicht oder Gruppendruck? Wie steht es mit der Wiederholbarkeit? Kämen sieben andere Experten zu dem gleichen Ergebnis?

Erfreulicherweise ist die empirische Meditationsforschung nicht darauf angewiesen, dass eine allgemein anerkannte

Definition existiert, denn hier wird üblicherweise eine sogenannte Arbeitsdefinition verwendet, die erklärt, was im Rahmen der jeweiligen Studie unter Meditation verstanden wird. Idealerweise ist im Methodenteil genau beschrieben, welche Technik die untersuchten Personen praktizieren und welche Erfahrungen sie dabei gemacht haben.

Dies hat jedoch zur Konsequenz, dass die Ergebnisse von Studien nur bedingt miteinander vergleichbar sind, weil sich die als »Meditation« untersuchten Methoden erheblich voneinander unterscheiden können. Diese Problematik wird in den weiteren Kapiteln wiederholt zu Tage treten, denn bei der Schilderung von Forschungsergebnissen sind pauschale Aussagen über die Wirkung von Meditation in den meisten Fällen nicht zulässig.

Selbst wenn in Studien die gleiche Meditationsmethode untersucht wird, kann dies unter völlig verschieden Perspektiven erfolgen. Meditation kann unter anderem konzipiert werden als:

- Technik zur Entspannung und Stressbewältigung
- Mentales Training zur Schulung spezifischer Leistungen
- Klinische Intervention zur Behandlung von Krankheiten
- Methode zur Erkenntnisgewinnung durch systematische Innenschau
- Asketische Praxis zur Erlangung spiritueller Einsichten

Aus der eingenommenen Perspektive leiten sich die interessierenden Fragestellungen ab und die Methoden, die zum Einsatz kommen. Der nächste Abschnitt stellt die am stärksten beforschten Themenfelder der Meditationsforschung vor.

Fragestellungen und Methoden

Der weitaus größte Anteil aller Studien der Meditationsforschung beschäftigt sich mit mindestens einer der folgenden vier Fragen:

- Was erleben Meditierende?
- Wie beeinflusst Meditation die Persönlichkeit und Leistungsfähigkeit?
- Welche Wirkungen hat Meditation auf Atmung, Herz, Immunsystem, Gehirn etc.?
- Wie effektiv ist Meditation bei der Behandlung körperlicher und psychischer Erkrankungen?

Für jeden angehenden Meditierenden besteht die Möglichkeit, sich vorab über die Antworten zu informieren, die die Forschung auf diese Fragen bisher geliefert hat. Zu den Wirkungen von Meditation auf die Physiologie, das Verhalten, das Erleben und die Gesundheit der Praktizierenden existieren inzwischen weit über tausend Publikationen, die zuletzt von Murphy und Donovan (1997) zusammengetragen und ausführlich kommentiert wurden. Ihre Bibliographie deckt den Zeitraum bis 1993 ab, ist frei im Internet zugänglich und mit einer Suchfunktion versehen (siehe Link im Literaturverzeichnis). Neuere Studien können über die öffentlich zugängliche Datenbank *PubMed* gefunden werden, die derzeit bei einer Recherche mit dem Suchbegriff »Meditation« 1847 Treffer liefert (http://www.ncbi.nlm.nih.gov/pubmed, Abruf am 9. April 2010).

Wirkungen auf Erleben und Verhalten, auf Persönlichkeit und kognitive Leistungen sowie die klinische Wirksamkeit von Meditation als Verfahren zur Entspannung und zur Behandlung von psychischen Störungen sind Gegenstand der psychologischen Forschung, die sich in erster

Linie auf Fragenbogen, Interviews, Verhaltensbeobachtung und Leistungstests stützt.

Physiologische Effekte und die Wirksamkeit bei körperlichen Erkrankungen werden demgegenüber vorrangig in der medizinischen Forschung untersucht. Eine strikte Aufteilung existiert jedoch nicht, denn auch in der psychologischen Forschung werden Befragungen häufig mit physiologischen Messungen kombiniert, um subjektive und objektive Daten miteinander in Beziehung zu setzen. Bei diesem psychophysiologischen Ansatz werden Maße wie Puls- und Atemfrequenz, Muskelspannung, Hautleitfähigkeit und die elektrische Hirnaktivität in Form des Elektroenzephalogramms (EEG) registriert. In den letzten Jahren sind verschiedene bildgebende Verfahren hinzugekommen, wobei sich die Magnetresonanztomographie (MRT) inzwischen zur dominierenden Methode entwickelt hat. Im dritten Kapitel wird ausführlich auf Befunde der neurowissenschaftlichen Meditationsforschung mittels EEG und MRT eingegangen.

Bei klinischen Fragestellungen geht es um heilsame Wirkungen von Meditationsübungen. Es wird überprüft, ob sich die Symptombelastung durch die Teilnahme an einem klinischen Meditationsprogramm reduzieren lässt. Hierzu werden die Symptome vorher und nachher erfasst und häufig auch nochmals mit einigem zeitlichen Abstand, um die Nachhaltigkeit der Besserung zu überprüfen.

In einer großangelegten Studie zur Wirksamkeit von Psychotherapie, in der Meditation als Entspannungsverfahren einbezogen wurde, kamen die Autoren zu dem Ergebnis, dass Meditation als Verfahren mit nachgewiesener Wirksamkeit angesehen werden könne (Grawe, Donati & Bernauer, 1994). Diese allgemeine Aussage stützte sich auf die Auswertung von lediglich 15 zum damaligen Zeitpunkt vorliegenden hochwertigen Studien, in denen diverse Meditationstechniken zum Einsatz kamen.

Eine weitaus umfassendere und differenziertere Untersuchung zur Bewertung der gesundheitlichen Wirkungen von Meditation wurde von einer amerikanischen Behörde in Auftrag gegeben, der Agency for Healthcare Research and Quality (Ospina et al., 2007). Der Ergebnisbericht mit einem Umfang von 263 Seiten (plus ca. 200 Seiten Anhang!) berücksichtigt fünf Kategorien: Mantra-Meditation, Achtsamkeitsmeditation, Yoga, Tai Chi und Qigong. Die Qualität der 813 einbezogenen Studien wurde nach strengen Kriterien bewertet, wie sie üblicherweise in der Pharmaforschung zur Anwendung kommen. Neben der allgemeinen Wirksamkeit ging es um die Frage, ob sich einige Meditationstechniken bei der Behandlung einer bestimmten Erkrankung als effektiver erweisen würden als andere. Durch die strengen Auswahlkriterien konnten jedoch am Ende nur eingeschränkte Aussagen zu Bluthochdruck, Herzkrankheiten und Stress getroffen werden. Zwischen den Methoden zeigten sich bezüglich der Wirksamkeit keine bedeutsamen Unterschiede. Insgesamt wurde die empirische Grundlage als zu dürftig eingeschätzt, um wirklich belastbare Aussagen zu erhalten. Dabei ist jedoch zu beachten, dass lediglich Publikationen bis zum Jahr 2005 berücksichtigt worden waren. In den letzen fünf Jahren hat sich die Befundlage in Bezug auf die Achtsamkeitsmeditation deutlich verbessert (siehe Kapitel 2).

Um die Frage nach der Wirksamkeit zu beantworten, werden solche Meta-Analysen durchgeführt, die die Ergebnisse vieler Einzelstudien zusammenfassen und bewerten. Vergleichsuntersuchungen, bei denen verschiedene Meditationsverfahren direkt miteinander verglichen werden und die Zuordnung der Teilnehmer zufällig erfolgt, sind eher selten. So ist es bisher kaum möglich, eine

Empfehlung zu geben, welche Methode bei welcher Erkrankung die besten Ergebnisse erwarten lässt. Auch die Frage, welche Meditationsmethode zu welcher Person passt, ist bisher ebenso ungeklärt wie die Frage nach der »Dosis«, also der Übungsdauer und Übungshäufigkeit, die erforderlich ist, um eine gewünschte Wirkung zu erzielen.

Allerdings ist fraglich, ob das medizinische Standardvorgehen von Diagnose, differentieller Indikation und Verordnung therapeutischer Maßnahmen für Meditation angemessen ist. Es handelt sich schließlich um Methoden, die als Hilfe zur Selbsthilfe konzipiert sind, d.h., nach dem Erlernen einer Technik, die dem Betroffenen persönlich zusagt, wird diese weitestgehend selbständig und gemäß den eigenen Bedürfnissen praktiziert.

Eine weitere Fragestellung in Bezug auf die gesundheitlichen Effekte von Meditation betrifft die Art und Weise, wie Meditation ihre positiven Wirkungen hervorruft. Hier besteht die engste Verbindung zur oben beschriebenen Grundlagenforschung, in der die psychologischen und physiologischen Wirkungen von Meditation untersucht werden. Die Grundlagenforschung liefert Modelle zu Aufmerksamkeitsteuerung, Emotionsregulation und Denkprozessen, die dabei helfen zu erklären, wie Meditationstechniken z.B. bei Aufmerksamkeitsdefiziten, Ängsten und Depressionen spezifische positive Wirkungen entfalten können. Insbesondere die neurowissenschaftliche Forschung kann hier wichtige Erkenntnisse darüber liefern, welche Funktionen und Strukturen des Gehirns bei den jeweiligen Störungen betroffen sind und wie diese durch Meditation beeinflusst werden können.

Obgleich der Schwerpunkt der Anwendung von Meditation im klinischen Sektor liegt, existieren noch weitere Anwendungsbereiche, die Erwähnung verdienen und Entwicklungspotentiale bergen. So wurden beispielsweise in verschiedenen Projekten in Indien, den USA und auch in Deutschland Meditationskurse mit Gefängnisinsassen durchgeführt, um Selbstreflexion, Selbstkontrolle und prosoziales Verhalten zu fördern.

In den USA haben sich in den letzten Jahren zahlreiche Initiativen gebildet, die dafür eintreten, Meditationsunterricht an Schulen und Universitäten zu etablieren. Hier ergeben sich zahlreiche Fragestellungen dazu, inwiefern die Meditationspraxis Konzentration, Lernen, Empathie, Sozialverhalten, einen gesunden Lebensstil und Prozesse der Sinnfindung unterstützt.

Schließlich stellt auch die Arbeitswelt einen Anwendungsbereich dar, in dem bereits erste Studien dazu durchgeführt wurden, wie sich Meditation auf den Umgang mit Stress im Beruf auswirkt (Walach et al., 2007) und in der Ausbildung von Managern eingesetzt werden kann, um deren intuitive Fähigkeiten zu verbessern (Sadler-Smith & Shefy, 2007). Einen Einblick in das Potential von Meditation als Ressource im Berufsleben bietet ein kürzlich erschienenes Buch, in dem Führungskräfte ihre persönlichen Erfahrungen mit Meditation schildern (Jäger & Kohtes, 2009). Hier eröffnet sich ein weiteres interessantes Gebiet für die Meditationsforschung.

Entwicklungsphasen

Die vergleichsweise kurze Geschichte der Meditationsforschung lässt sich in mehrere Abschnitte unterteilen. In der nachfolgenden Abbildung ist die Anzahl der Publikationen wiedergegeben, die in den letzten 50 Jahren zum Thema »Meditation« veröffentlicht wurden. Bei der zugrundeliegenden Recherche in der wissenschaftlichen Datenbank

ISI *Web of Knowledge* wurden ausschließlich Artikel in Fachzeitschriften einbezogen, also keine Tagungsbeiträge, Leserbriefe oder Ähnliches.

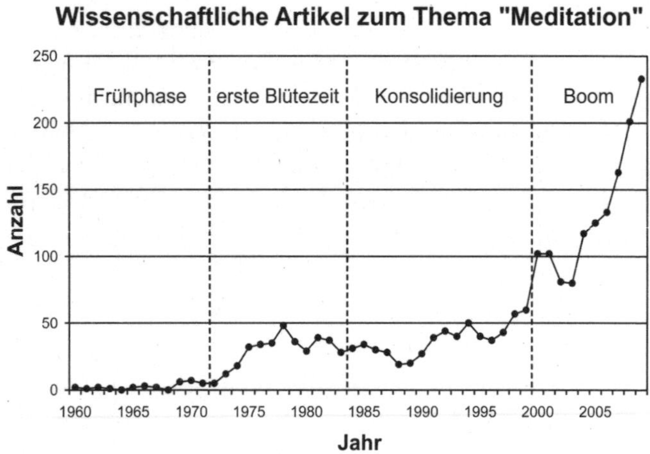

Die Frühphase beginnt in den 60er Jahren und erstreckt sich bis Anfang der 70er Jahre. Es handelte sich hauptsächlich um Studien, die mit Yogis und Zen-Mönchen vor Ort in Indien und Japan durchgeführt wurden. Vereinzelt wurden auch in westlichen Labors erste Messungen vorgenommen, die sich vor allem mit physiologischen Parametern wie der Herzfrequenz, dem Sauerstoffverbrauch und der elektrischen Hirnaktivität befassten. Die Anzahl der Studien war jedoch gering, und in manchen Jahren erschien keine einzige Publikation zum Thema.

Diese Situation änderte sich schlagartig durch die starke Verbreitung der *transzendentalen Meditation* Anfang der 70er Jahre. Maharishi, der aus Indien stammende Begründer der Methode, erlangte als Guru der Beatles große Popularität, und es standen viele Probanden für Studien zur Verfügung, die auf eine hochgradig standardisierte Weise in die Technik eingeführt worden waren und diese täglich praktizierten. Es entstanden viele Doktorarbeiten von Anhängern der transzendentalen Meditation, und die Bewegung selbst benutzte Forschungsergebnisse, um für die Methode zu werben. Die Forschungsaktivität in dieser ersten Blütezeit erreichte 1978 mit 48 Artikeln einen Höhepunkt und ließ danach zunächst wieder etwas nach.

Den Übergang in eine Phase der Konsolidierung markiert das Jahr 1984, in dem ein umfassendes Herausgeberwerk erschien, das die wichtigsten bis dato gesammelten Befunde zusammenstellte und kommentierte (Shapiro & Walsh, 1984). Wenige Jahre später erschien im renommierten Verlag der Universität Oxford ein hervorragendes Lehrbuch zur *Psychologie der Meditation*, in dem Experten die Felder der Meditationsforschung in Fachbeiträgen ausführlich behandelten und den Forschungsstand kritisch bilanzierten (West, 1987). In Deutschland erschien 1995 die Monographie des Medizinprofessors Klaus Engel, die einen Überblick über die Geschichte, Theorien und Ergebnisse der Meditationsforschung lieferte.

Mit dem Jahr 2000 begann eine bis heute andauernde Boomphase der Meditationsforschung, deren Ende nicht abzusehen ist. In den letzten zehn Jahren sind tatsächlich deutlich mehr wissenschaftliche Publikationen zum Thema erschienen als in den gesamten vierzig Jahren zuvor (in Zahlen: 59 % aller Artikel seit dem Jahr 2000, das sind rund 1400). Als Ursachen für diesen rasanten Zuwachs sind mehrere Entwicklungen auszumachen. Während Meditation lange Zeit als exotisches Phänomen galt, das vorwiegend in religiösen und esoterischen Kreisen verbreitet war, wird sie heute zunehmend als mentales Training, als Methode zur Selbstregulation verstanden. Traditionelle Meditationsmethoden und ihre Wirkungen werden auf der Grundlage moderner wissenschaftlicher Modelle erklärt und angewandt.

Einen wichtigen Impuls für diese neue Sichtweise und Form des Umgangs gaben (und geben nach wie vor) die Dialoge des Dalai Lama mit führenden westlichen Wissenschaftlern. Die Treffen, die seit den 1980er Jahren vom Mind & Life Institute organisiert werden und zunächst im kleinen Kreis stattfanden, haben sich inzwischen zu richtungsweisenden Kongressen entwickelt, über die bereits in der renommierten Zeitschrift *Science* berichtet wurde (Barinaga, 2003). Seit 2004 findet außerdem jährlich ein sogenanntes *Summer Research Institute* statt, das Professoren und Studenten eine Woche lang die Gelegenheit bietet, ihre Forschungsergebnisse vorzustellen und mit buddhistischen Gelehrten und Meditationslehrern zu diskutieren (siehe http://www.mindandlife.org).

Einen weiteren starken Impuls für die Forschung stellt die zunehmende Verbreitung psychotherapeutischer Verfahren dar, die als ein wesentliches Element Achtsamkeitsübungen enthalten (siehe Kapitel 2). Achtsamkeit ist zu einem Trendthema geworden, das inzwischen Eingang in die Lehrbücher der Verhaltenstherapie gefunden hat. Das ungebrochene wissenschaftliche und öffentliche Interesse an diesem Thema spiegelt sich in zahlreichen Kongressen, Medienberichten und neu erschienenen Büchern wider. Exemplarisch seien genannt (siehe Linksammlung auf der Website zum Buch):

- Das 2. State-of-the-Art-Symposium »Mindfulness-basierte Therapie« am Zentralinstitut für seelische Gesundheit in Mannheim 2005
- Zwei Symposien zum Thema »Achtsamkeit« auf dem Kongress der Deutschen Gesellschaft für Psychologie in Nürnberg 2006
- Die gemeinsame Tagung des Deutschen Kollegiums für Transpersonale Psychologie und der Society for Meditation and Meditation Research mit dem

Schwerpunktthema »Achtsamkeit« in Witten-Herdecke 2006

- Der internationale Kongress »Medizin, Achtsamkeit & Mitgefühl« in Köln 2007
- Zwei Expertentreffen zum Thema »Neuroscience, Consciousness, and Spirituality« in Freiburg im Breisgau 2008 und 2010 (mit dem Schwerpunktthema »Meditation«)
- Die Podiumsdiskussion zum Thema »Wie beeinflusst Meditation das Gehirn?« im Rahmen des Besuchs des Dalai Lama in Frankfurt am Main 2009
- Titelgeschichten und Artikel unter anderem in der Frankfurter Allgemeinen Zeitung, im Spiegel, Focus und Stern sowie zahlreiche Radiosendungen und Fernsehberichte
- Das Buch *Hirnforschung und Meditation*, ein Dialog zwischen Wolf Singer, dem Direktor des Max-Planck-Instituts für Hirnforschung, und Matthieu Ricard, einem buddhistischen Mönch (erschienen 2008, inzwischen in fünfter Auflage)

Ein weiterer wichtiger Einflussfaktor sind schließlich die sogenannten bildgebenden Verfahren, mit denen es heute möglich ist, die Funktionen und die Struktur des Gehirns abzubilden. Die erste Meditationsstudie mit funktioneller Magnetresonanztomographie erschien im Jahr 2000. Seither wurden viele weitere Studien publiziert, die objektive Veränderungen durch Meditation belegen und somit zu einer breiteren Akzeptanz beitragen. Auf diese neurowissenschaftliche Meditationsforschung wird im dritten Kapitel eingegangen.

WIRKUNGEN VON MEDITATION AUF DIE GESUNDHEIT

Nach dem vorangegangenen Streifzug durch die gesamte Landschaft der Meditationsforschung werden in diesem und im darauffolgenden Kapitel Themengebiete näher betrachtet, die gerade für skeptische Menschen von besonders hoher Relevanz sind. Gibt es stichhaltige Belege für eine positive Wirkung von Meditation auf die Gesundheit? Die oben erwähnte großangelegte amerikanische Studie kam diesbezüglich ja zu einer eher kritischen Einschätzung (Ospina et al., 2007).

Ein zweiter für Skeptiker relevanter Punkt betrifft eine Besonderheit bei der Anwendung von Meditation im Gesundheitswesen: Hier kommen spezielle meditative Verfahren zum Einsatz, die aus ihrem ursprünglichen religiösen und weltanschaulichen Kontext weitgehend herausgelöst wurden (Ott, 2009). Im Folgenden werden zunächst die bekanntesten klinischen Meditationsverfahren vorgestellt. Die weiteren Abschnitte dieses Kapitels beschäftigen sich dann mit Methoden, die Achtsamkeitsübungen enthalten, weil diese in den vergangenen zehn Jahren eine starke Verbreitung erfahren haben und inzwischen hinreichend viele Studienergebnisse vorliegen, um deren Wirksamkeit zu beurteilen.

Den ersten Versuch, aus Techniken des Yoga eine rational begründete Methode der Selbstentspannung abzuleiten, stellt das *Autogene Training* (AT) von Schultz dar. In seinem 1932 erschienenen Lehrbuch formulierte er die Hoffnung: »den Realbestand der Yoga-Tradition ebenso zu erobern, wie frühere Forschung aus dem mystischen Magnetismus die rationale Hypnotherapie entstehen ließ«

(Schultz, 1991, S. 359). Obwohl sich die Grundstufe des AT als Entspannungsverfahren nach wie vor großer Beliebtheit erfreut, fanden die stärker meditativ ausgerichteten Übungen der Oberstufe des AT (»Autogene Meditation«; Krampen, 1998) nur wenig Verbreitung und kaum Beachtung von Seiten der Wirksamkeitsforschung, so dass eine detaillierte Besprechung an dieser Stelle entfallen kann.

Einige Bekanntheit erlangte in den USA die sogenannte *Benson-Methode*, die ebenfalls aus dem Yoga abgeleitet worden war. Anstatt ein traditionelles Mantra wie beispielsweise »OM« zu verwenden, wies Benson seine Probanden an, das ähnlich klingende »ONE« zu wiederholen, also die englische Zahl eins, um jeden religiösen Gehalt zu vermeiden. Er konnte zeigen, dass sich bei der Wiederholung des Wortes bei jeder Ausatmung mit der Zeit ein Zustand tiefer Entspannung einstellt, eine »Relaxation Response«, die sich anhand physiologischer Maße objektivieren ließ (Beary & Benson, 1974).

Gleichartige Effekte der anstrengungslosen Wiederholung von Mantras wurden in unzähligen Studien zur transzendentalen Meditation (TM) beobachtet. Die klinische Anwendbarkeit der TM wurde jedoch dadurch eingeschränkt, dass Meditationskurse von autorisierten Lehrern teuer waren. Außerdem erfolgte die Zuweisung verschiedener Mantras an die Schüler nach einem geheimen Schlüssel und war in eine hinduistische Zeremonie eingebunden. Als Alternative entwickelte Carrington daher eine »nichtkultische« Variante der TM, bei der sich die Teilnehmer ihr Mantra selbst auswählen durften (Carrington, 1997). Ihre als *Clinically Standardized Meditation* bezeichnete Methode fand in der Folge jedoch keine größere Verbreitung und wird nach Kenntnis des Verfassers hierzulande nicht angeboten.

In Deutschland wird TM zwar nach wie vor als weltanschaulich neutrale Methode zur Entspannung und Gesundheitsförderung mit wissenschaftlich nachgewiesener Wirksamkeit angeboten. Den ideologischen Hintergrund bildet dabei jedoch die »Wissenschaft der kreativen Intelligenz« von Maharishi. In der politischen Landschaft ist die TM-Organisation als »Naturgesetzpartei« in Erscheinung getreten, mit dem Ziel, durch die Verbreitung der TM die Kriminalität zu besiegen und den Weltfrieden herbeizuführen. Aufgrund der innerhalb der Bewegung anzutreffenden überwertigen Ideen und Tendenzen zur Selbsttäuschung empfiehlt Fehr (2002), sich bei Interesse an freie TM-Lehrer mit psychotherapeutischer Qualifikation zu wenden, die von dieser Bewegung unabhängig sind.

Achtsamkeitsbasierte klinische Verfahren haben in den letzten Jahren einen enormen Aufschwung erlebt (Heidenreich & Michalak, 2006). Die bekanntesten Methoden sind:

- ein Programm zur Suchtbehandlung von Marlatt
- die dialektische Therapie der Borderline-Störung nach Linehan
- die achtsamkeitsbasierte kognitive Therapie zur Rückfallprophylaxe bei Depressionen von Segal, Williams und Teasdale
- das Programm Stressbewältigung durch Achtsamkeit (*mindfulness-based stress reduction*, MBSR) nach Kabat-Zinn

Vor allem das letztgenannte MBSR-Programm wird in zahlreichen Gesundheitszentren in den USA eingesetzt, und es existieren inzwischen viele Studien zu seiner Wirksamkeit bei verschiedenen Erkrankungen. In der folgenden Abbildung ist die Entwicklung der Forschungsaktivität in den letzten 30 Jahren dargestellt, also seitdem dieses verhaltensmedizinische Programm 1979 von Jon Kabat-Zinn an der Universität von Massachusetts erstmals durchgeführt wurde (Datenbank: ISI Web of Knowledge).

Die Grafik verdeutlicht, dass die Forschungstätigkeit in den ersten zwanzig Jahren nach Vorstellung des Programms äußerst gering war. Nach einigen Publikationen von Kabat-Zinn selbst in den 80er Jahren erschienen bis zur Jahrtausendwende lediglich vier weitere Artikel. Erst in der oben beschriebenen Boomphase der Meditationsforschung kam es zu einem steilen Anstieg mit zuletzt 38 Artikeln alleine im Jahr 2009.

Eine Ursache für das enorme wissenschaftliche Interesse an MBSR dürfte darin liegen, dass es sich um ein hochgradig strukturiertes und standardisiertes Programm handelt. Kursinhalte der insgesamt acht wöchentlichen Sitzungen sind:

- sanfte Körperübungen aus dem Yoga und Achtsamkeitsmeditation (Atembeobachtung, Body-Scan; siehe

Teil 1 des Buches), die von den Teilnehmern täglich zu Hause geübt werden sollen
- Kurzvorträge zu verschiedenen Themen (unter anderem Stress, Umgang mit Gefühlen und dem Körper, achtsame Kommunikation) mit anschließendem Erfahrungsaustausch in Gruppengesprächen
- ein Tag der Achtsamkeit in der sechsten Woche
- Übungen zum achtsamen Verhalten im Alltag (z.B. beim Essen) und Anregungen, Routinetätigkeiten (Hausarbeit, Duschen etc.) als informelle Achtsamkeitsübungen zu gestalten

Eine ausführliche Darstellung des Programms ist dem Buch von Kabat-Zinn (2006) zu entnehmen. Außerdem sind zahlreiche weitere Bücher und Audio-CDs mit Meditationsanleitungen erhältlich. In Deutschland haben sich mehrere Einrichtungen, die Ausbildungen zum MBSR-Lehrer anbieten, zu einem Verband zusammengeschlossen, und in fast allen größeren Städten werden inzwischen Kurse angeboten (http://www.mbsr-verband.org).

Nachfolgend werden zunächst die wichtigsten körperlichen und psychischen Erkrankungen beschrieben, bei denen MBSR bisher eingesetzt wurde. Inwiefern auch gesunde Personen von einer Teilnahme profitieren können, wird dann in einem eigenen Abschnitt behandelt. Eine Beurteilung der Wirksamkeit erfolgt schließlich im letzten Abschnitt auf der Grundlage mehrerer vorliegender Meta-Analysen.

Behandlung von Krankheiten

Ausgangspunkt bei der Entwicklung des MBSR-Programms durch Kabat-Zinn war die Notwendigkeit, ein Angebot für chronische Schmerzpatienten zu schaffen. Es handelte sich um sogenannte »hoffnungslose Fälle«, also austherapierte Patienten, bei denen die üblichen Formen der Behandlung keine Besserung mehr erbrachten. MBSR zielte darauf ab, einen veränderten Umgang mit den körperlichen Schmerzempfindungen zu vermitteln, eine akzeptierende, nicht wertende Haltung einzunehmen, wie sie für die Achtsamkeitsmeditation kennzeichnend ist. Ermutigt von den guten Erfolgen, setzte Kabat-Zinn später das Programm auch bei Patienten mit Hauterkrankungen ein und konnte zeigen, dass der Erfolg der regulären Behandlung durch die zusätzliche Teilnahme an einem MBSR-Kurs gesteigert wurde.

Viele körperliche Erkrankungen lösen in den Betroffenen Stressreaktionen aus, die wiederum den Krankheitsverlauf selbst negativ beeinflussen können. Dies gilt insbesondere für Erkrankungen, bei denen das Immunsystem eine wichtige Rolle spielt. So liegen inzwischen bereits mehrere Studien zu positiven Wirkungen von MBSR bei Krebs vor.

Die aktuelle Bibliographie von Williams und Zylowska (2009) listet neben wissenschaftlichen Studien zu MBSR bei den bereits genannten Krankheiten und verschiedenen spezifischen Schmerzsyndromen (Kopfschmerzen, Fibromyalgie etc.) unter anderem noch folgende Anwendungsbereiche auf:

- Rehabilitation nach Hirnverletzungen
- Diabetes
- Herzkrankheiten
- Immunschwäche (AIDS)
- Fettleibigkeit
- Stress bei Frauen durch Geburt und Menopause
- Organtransplantationen
- Arthritis
- Tinnitus

Die meisten körperlichen Erkrankungen sind von Schmerzen begleitet und rufen in den Betroffenen Stress hervor. Durch die Stressreduktion mittels MBSR nimmt die psychische Belastung ab. Das MBSR-Programm leitet die Teilnehmer gezielt dazu an, ihre Selbstheilungskräfte zu mobilisieren. Negative Bewertungen, die zu einer Verschlechterung der Situation beitragen und zu einem Gefühl der Ohnmacht und Hoffnungslosigkeit führen, werden bewusst gemacht und abgebaut. Stattdessen wird die Selbstverantwortung betont und durch die Förderung einer wohlwollenden Haltung das Selbstwertgefühl gesteigert und das Selbstvertrauen, die Erkrankung aus eigener Kraft bewältigen zu können.

Im ersten Teil des Buches wurden bereits einige Beispiele dafür gegeben, wie Teufelskreise dazu führen können, dass sich normale Gefühlsreaktionen der Trauer, Angst oder Wut zu psychischen Störungen entwickeln. Eine Haltung der Achtsamkeit kann dabei hilfreich sein, solche inneren Aufschaukelungsprozesse zu erkennen und zu unterbrechen.

Für Patienten mit Suchtproblemen und für Patienten mit wiederholten depressiven Episoden existieren die oben erwähnten spezifisch ausgerichteten klinischen Behandlungsprogramme. Demgegenüber ist MBSR ein eher unspezifisches Verfahren, das bei einer großen Bandbreite von psychischen Beeinträchtigungen zum Einsatz kommen kann. Für manche Störungen und Zielgruppen wurden eigene MBSR-Varianten entwickelte, beispielsweise Programme zur Behandlung von Essstörungen (Williams & Zylowska, 2009) oder eine auf Studierende zugeschnittene Variante, die besonders relevante Themen wie Lernen und Prüfungsängste gezielt anspricht (Lynch et al., 2009).

Stressbedingte Erkrankungen und psychische Störungen

sind in der Allgemeinbevölkerung heutzutage sehr verbreitet. Abgesehen von dem damit verbundenen individuellen Leiden sind auch die verursachten Gesundheitskosten und volkswirtschaftlichen Schäden immens. So wird heute davon ausgegangen, dass mehr als die Hälfte aller Fehltage von Arbeitnehmern auf psychische Ursachen zurückzuführen ist. Dies wirft die Frage auf, ob achtsamkeitsbasierte Stressreduktionsprogramme nicht auch einen wichtigen Beitrag zur Vorbeugung von Krankheiten leisten können.

Stressreduktion und Prävention bei Gesunden

Aus dem vorherigen Abschnitt geht hervor, dass Meditation bei der Behandlung und Bewältigung vieler Krankheiten hilfreich sein kann. Vielleicht speist sich Ihr Interesse an Meditation daraus, dass Sie auf der Suche nach alternativen oder ergänzenden Behandlungsmöglichkeiten für eine bestehende Erkrankung sind. Doch auch wenn Sie nicht krank sind, können Sie von Meditationsübungen profitieren, weil deren Wirkungen nicht alleine in der Bewältigung negativer, leidvoller Zustände bestehen, sondern auch in der Herstellung positiver Zustände der Zufriedenheit, inneren Erfüllung und Freude.

Außerdem gibt es auch im Alltag von gesunden Menschen genügend Situationen, die Stress, Ängste und depressive Verstimmungen auslösen. Ein achtsamer Umgang mit sich selbst und den Mitmenschen sowie regelmäßige Zeiten der Entspannung und Besinnung können verhindern, dass sich stressbedingte Erkrankungen entwickeln. Insbesondere Menschen, die im Berufsleben einem hohen permanenten Druck ausgesetzt sind, können von Achtsamkeitsübungen profitieren, um der Gefahr eines Ausbrennens *(burnout)* vorzubeugen.

Entsprechende Studien wurden bisher hauptsächlich mit Personen in der Gesundheitsversorgung durchgeführt (Krankenpfleger, Ärzte, Therapeuten), die einer starken Dauerbelastung ausgesetzt sind. Oft handelte es sich dabei auch um Ausbildungskandidaten in den genannten Berufen, die Meditation im Sinne einer Burnout-Prophylaxe erlernten, um sich auf die späteren beruflichen Anforderungen vorzubereiten (Williams & Zylowska, 2009).

Meta-Analysen zur Wirksamkeit

Eine Beurteilung der Wirksamkeit von Meditation als Methode zur Stressbewältigung bei Gesunden wurde jüngst von Chiesa und Serretti (2009) vorgenommen. Sie kamen zu dem Ergebnis, dass Meditation eine vergleichbare Stressverminderung erzielt wie die klinischen Standard-Entspannungsverfahren. Darüber hinaus zeigten sich bei den Teilnehmern an MBSR-Kursen eine Reduzierung von Ängstlichkeit und grüblerischen Gedanken sowie eine Zunahme von Mitgefühl und Selbstfürsorge. Allerdings stuften die Autoren dieser Meta-Analyse die Qualität der zehn einbezogenen Studien als eher niedrig ein.

In Bezug auf die Wirksamkeit von MBSR bei klinischen Gruppen war die Datenlage noch vor einigen Jahren ebenso unbefriedigend. So wiesen die beiden ersten Meta-Analysen von Baer (2003) und Grossman et al. (2004) ebenfalls auf die geringe Anzahl und niedrige methodische Qualität der verfügbaren Studien hin und formulierten entsprechend vorsichtige Aussagen bezüglich der Wirksamkeit. Aufgrund des enormen Anstiegs der Forschungsaktivität (siehe Abbildung zu Beginn dieses Kapitels) hat sich diese Situation inzwischen zum Positiven hin gewandelt. Drei Viertel aller Wirksamkeitsstudien zu MBSR wurden im Zeitraum von 2005 bis heute publiziert.

Angesichts dieser rasanten Entwicklung wurden inzwischen zwei weitere Meta-Analysen durchgeführt, um eine aktualisierte Beurteilung des Ergebnisstandes vorzunehmen. Die erste wurde 2006 auf dem Kongress der Deutschen Gesellschaft für Psychologie in Nürnberg vorgestellt und ist in der Diplomarbeit von Koch (2007) an der Universität Jena dokumentiert. Die zweite und derzeit aktuellste Meta-Analyse wurde an der Universität Marburg durchgeführt (Müller & Ziehen, 2009). Dort war es erstmals möglich, die Meta-Analyse ausschließlich auf gut kontrollierte Studien zu stützen, in denen eine zufällige Zuordnung der Teilnehmer auf die verschiedenen Bedingungen vorgenommen wurde.

Die Ergebnisse dieser methodisch vorbildlichen Meta-Analyse zeigen, dass MBSR durchweg einen positiven Effekt mittlerer Größe auf die psychische Gesundheit der Teilnehmer hatte. Damit können gleichlautende Resultate früherer Studien nunmehr als abgesichert gelten: MBSR ist ein Verfahren mit nachgewiesener Wirksamkeit, das Effekte in gleicher Größe erzielt wie andere klinische Standardverfahren. Die Effekte waren zeitlich stabil und fielen bei Gesunden höher aus als bei Patienten. Die positiven Wirkungen auf die körperliche Gesundheit waren im Durchschnitt geringer und variierten stärker zwischen den Studien.

Die Autorinnen kommen zu dem Fazit, dass achtsamkeitsbasierte Programme wie MBSR bei Gesunden mit normaler und erhöhter Stressbelastung langfristig die Achtsamkeit und die psychische Gesundheit fördern. Im nächsten Kapitel geht es nun um die neurophysiologischen Mechanismen, die diesen Wirkungen zugrunde liegen.

NEUROWISSENSCHAFTLICHE MEDITATIONSFORSCHUNG

Wie beeinflusst Meditation das Gehirn? Sie wissen bereits, dass es keine einfache Antwort auf diese Frage geben kann, weil die Meditationsmethoden sich erheblich voneinander unterscheiden und somit auch deren Auswirkungen auf die Aktivität und Struktur des Gehirns. Es macht einen Unterschied, ob Sie mit der Aufmerksamkeit durch den Körper wandern, ein Meditationsbild betrachten, ein Mantra wiederholen oder eine Haltung liebevollen Mitgefühls in sich hervorrufen.

Je nach gewähltem Fokus der Aufmerksamkeit werden spezifische Hirnregionen aktiviert, die für die betreffenden Sinnesmodalitäten und Emotionen zuständig sind. Außerdem werden Netzwerke für die Steuerung und Überwachung der Aufmerksamkeit aktiviert, die dafür sorgen, dass der gewählte Fokus erhalten bleibt und bei einem Abdriften wiederhergestellt wird. Die Voraussetzungen für ein Verständnis dieser Regulationsprozesse, die während der Meditation stattfinden, haben sich durch den raschen Erkenntnisfortschritt der Hirnforschung in den letzten zwanzig Jahren erheblich verbessert.

Der oben beschriebene allgemeine Boom der Meditationsforschung betrifft auch die neurowissenschaftliche Forschung. In der nachfolgenden Abbildung ist die Anzahl der Studien zum Thema Meditation wiedergegeben, die außerdem einen der folgenden Suchbegriffe enthielten: *brain*, *eeg*, *mri* oder *fmri* (Abkürzungen: *eeg = electroencephalography*, *[f]mri = [functional] magnetic resonance imaging*).

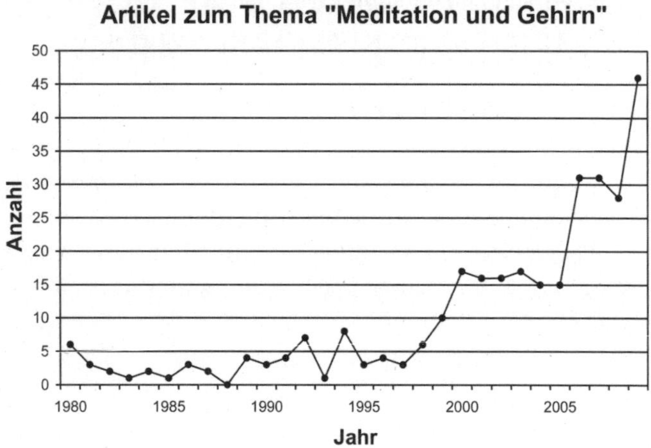

Die Forschungsaktivität erreichte im Jahr 2000 ein stabiles Niveau von ca. 15 Studien pro Jahr und stieg dann weiter sprunghaft an. Dieser steile Aufwärtstrend scheint sich weiter fortzusetzen, denn für 2010 lieferte die Recherche kurz nach Ende des ersten Quartals bereits 25 Treffer, was auf das ganze Jahr hochgerechnet eine Verdopplung der Anzahl an Publikationen gegenüber 2009 bedeuten würde (nicht abgebildet; Abruf am 11. April 2010).

In den beiden nachfolgenden Abschnitten erhalten Sie einen Überblick über die Methoden und Ergebnisse der Meditationsforschung mit den beiden am häufigsten angewandten Messverfahren, dem Elektroenzephalogramm und der Magnetresonanztomographie. Dem schließt sich ein Ausblick auf die Zukunft der neurowissenschaftlichen Meditationsforschung an.

Eine kurze Vorstellung der Frequenzbänder des EEGs wurde bereits im ersten Teil des Buches gegeben (siehe Kapitel zum »Sein«: Wahrnehmung und Gamma-Aktivität im EEG). Wie zu erwarten ist, treten zu Beginn der Meditation, insbesondere bei geschlossenen Augen, vermehrt Alpha-Wellen (um 10 Hz) auf, wie sie für entspannte Wachzustände charakteristisch sind.

In frühen EEG-Studien mit Yogis und Zen-Mönchen wurden diese während der Meditation mit lauten Geräuschen oder Berührungen stimuliert. Typischerweise kommt es dabei zu einer kurzzeitigen Unterbrechung der Alpha-Wellen, und es treten vermehrt niedrige Beta-Wellen auf. Bei den untersuchten Yogis war diese sogenannte Alpha-Blockade erstaunlicherweise nicht auszulösen. Im Gegensatz dazu zeigten Zen-Mönche stets die gleiche Alpha-Blockade, was ebenfalls ungewöhnlich ist, denn normalerweise kommt es rasch zu einer Gewöhnung, und die Reaktionen auf die Störung nehmen ab *(Habituation)*.

Man glaubte damals, das neuronale Korrelat für zwei unterschiedliche Arten der Meditation gefunden zu haben, eine extrem tiefe und stabile Versenkung in das gewählte Meditationsobjekt bei den Yogis und eine nicht abstumpfende, wache Achtsamkeit bei den Zen-Mönchen (»Anfänger-Geist«). In späteren Untersuchungen mit westlichen Probanden, die diese unterschiedlichen Meditationsformen praktizierten, konnten diese Befunde nicht bestätigt werden. Es zeigten sich bei allen Meditierenden und bei den Kontrollpersonen vergleichbare Reaktionsverläufe (Becker & Shapiro, 1981).

Etwa zur gleichen Zeit fasste West (1980) die unterschiedlichen EEG-Befunde bei Meditierenden wie folgt zusammen:

1. Zu Beginn der Meditation werden die Alpha-Wellen größer, die für einen entspannten Wachzustand typisch sind, und in manchen Fällen nimmt gleichzeitig die Frequenz um 1–3 Hz ab.
2. Später können Phasen mit sehr regelmäßigen Theta-Wellen (4 bis 7 Hz) auftreten, oft vermischt mit Alpha-Wellen, vor allem bei erfahrenen Meditierenden. Wellen in diesem Frequenzbereich tauchen zwar auch beim Dösen und Einschlafen auf, sind jedoch nicht so gleichförmig. Die Meditierenden bleiben geistig präsent und reagieren sofort auf Ansprache.
3. Während tiefer Meditation (*samadhi* oder Erfahrungen von Transzendenz) können Phasen mit schnellen Beta-Wellen im Frequenzbereich von 20 bis 40 Hz auftreten. Anders als bei erregten Wachzuständen, wo diese Wellen im Beta- und Gamma-Bereich niedrig sind und stark fluktuieren, sind die Wellen bei den Meditierenden größer und weitflächig synchronisiert, was als Zeichen einer außergewöhnlich stabilen Konzentration und hochgradiger Wachheit gedeutet wird.
4. Am Ende der Meditation kann der Alpha-Rhythmus manchmal fortbestehen, selbst bei geöffneten Augen, wo Reize der Außenwelt normalerweise schnell zu einer Blockade führten (siehe oben).

Diese Beschreibung stützt sich auf Befunde aus verschiedenen Studien und liefert eine idealtypische Abfolge von Stadien, die während der Meditation durchlaufen werden können. Eine Zuordnung der beobachteten EEG-Muster zu unterschiedlich tiefen Erfahrungen während der Meditation ist jedoch schwierig, weil diese nicht mit einer ähnlich hohen zeitlichen Auflösung erfasst werden können. Retrospektive Berichte leiden unter dem Umstand, dass während der Meditation das Zeitgefühl stark verändert sein kann oder ganz verlorengeht. Die Aufforderung, bestimmte Erfahrungen während der Meditation beispielsweise per Knopfdruck anzuzeigen, kann wiederum eine erhebliche Beeinträchtigung darstellen.

Dementsprechend sind wiederholte Messungen mit klar definierten Meditationstechniken und eingehende Befragungen unerlässlich, um zu einer differenzierten Klassifikation von bestimmten Erlebnissen und Bewusstseinszuständen während der Meditation zu kommen und anhand des EEGs objektive Indikatoren für deren Auftreten im Verlauf einer Sitzung zu bestimmen (Hinterberger, 2010).

Einen detaillierten Überblick über die große Vielfalt der bisher vorliegenden Einzelbefunde liefert ein Übersichtsartikel von Cahn und Polich aus dem Jahr 2006. Nicht nur die Meditationsmethoden, sondern auch die Fragestellungen, Versuchsanordnungen und Analyseverfahren unterscheiden sich zwischen den vorliegenden Untersuchungen erheblich. Einige Studien beschäftigen sich mit Auswirkungen von Meditation auf das EEG während des Nachtschlafs. Andere wiederum untersuchen, ob sich während der Meditation das Verhältnis der Aktivität zwischen der linken und rechten Hirnhälfte verschiebt. Schließlich existiert eine Reihe von Studien, die wiederholt die gleichen Stimuli darbieten, um die dadurch hervorgerufenen elektrischen Potentiale zu analysieren.

All diese Ansätze bieten Möglichkeiten, Auswirkungen der Meditationspraxis auf Hirnfunktionen zu objektivieren. Aus der bunten Mischung von Einzelbefunden lassen sich jedoch kaum Aussagen mit einer methodenübergreifenden Gültigkeit ableiten. Neuere Übersichtsarbeiten zu Themen wie der Aufmerksamkeitssteuerung bei Meditierenden zeichnen ein vollständigeres Bild, indem sie

Befunde der EEG-Forschung mit denen bildgebender Verfahren verknüpfen, die Aufschluss über Veränderungen in tieferen Hirnstrukturen bieten (Lutz et al., 2008 a).

Messungen des EEGs können wichtige Informationen dazu beisteuern, wie verbesserte Aufmerksamkeitsleistungen durch ein Meditationstraining zustande kommen. Im ersten Teil des Buches war beschrieben worden, dass sich nach einem Achtsamkeitstraining die Erkennensrate von Zielreizen erhöhte, die in einer Serie von Reizen kurz nacheinander auftauchen. Die Hypothese, dass die Aufmerksamkeit der Meditierenden nicht so stark durch den ersten Zielreiz gebunden wird, fand eine Bestätigung im EEG: Die durch den ersten Zielreiz hervorgerufenen elektrischen Potentiale fielen bei den Personen nach dem Achtsamkeitstraining tatsächlich niedriger aus. Durch die geringere Verarbeitungstiefe waren sie offenbar schneller wieder aufnahmebereit für den nachfolgenden Zielreiz.

Für ein Verständnis der gesundheitlichen Wirkungen ist eine Studie bedeutsam, in der zugleich Veränderungen der Emotionen, des EEGs und der Immunreaktion erfasst wurden. Mitarbeiter einer Biotechnologie-Firma, die an einem achtwöchigen MBSR-Kurs teilgenommen hatten, zeigten eine Abnahme negativer und einer Zunahme positiver Affekte. Außerdem kam es zu einer Verschiebung der EEG-Aktivität zugunsten der linken Hirnhälfte, was ebenfalls mit einer positiveren Gefühlslage in Verbindung gebracht wird. Bei den Personen, bei denen die linksseitige EEG-Aktivität am stärksten zunahm, war auch die Immunantwort stärker. Effekte von Meditation bei Krankheiten mit Beteiligung des Immunsystems könnten auf dem Abbau von Stress und vermehrten positiven Gefühlen beruhen, die sich auch in Veränderungen der elektrischen Hirnaktivität widerspiegeln.

Die ausgewählten Beispiele sollen illustrieren, wie sich Wirkungen von Meditationsübungen auf Aufmerksamkeit und Emotionen anhand bestimmter EEG-Maße objektivieren lassen. Im nächsten Abschnitt wenden wir uns nun der Forschung mit bildgebenden Verfahren zu, deren Ergebnisse es – wie der Name schon sagt – im wörtlichen Sinne erlauben, sich ein Bild davon zu machen, wo Auswirkungen von Meditationsübungen im Gehirn zu beobachten sind.

Bildgebende Verfahren

Einige der frühen Studien setzten die *Positronen-Emissions-Tomographie* (PET) und die *Einzelphotonen-Emissions-Tomographie* (SPECT, *Single Photon Emission Computed Tomography*) ein, um Veränderungen des Hirnstoffwechsels während der Meditation zu bestimmen (Übersicht in Cahn & Polich, 2006). Bei diesen bildgebenden Verfahren wird eine schwach radioaktive Substanz injiziert, um deren Verteilung zu erfassen und daraus Rückschlüsse auf Aktivierungsprozesse zu ziehen.

Die Herstellung der benötigten Markierungssubstanzen ist aufwendig und teuer. Die Einleitung in den Blutkreislauf und die radioaktive Strahlung sind mit einem Gesundheitsrisiko verbunden, was bei medizinisch nicht erforderlichen Untersuchungen ethisch bedenklich ist und auch die Akzeptanz von Seiten der Probanden reduziert. Nicht jeder ist dazu bereit, sich eine radioaktive Substanz injizieren zu lassen, um die Neugier der wissenschaftlichen Grundlagenforschung zu befriedigen.

Die Verteilung und Anreicherung der Substanz vollzieht sich über einen längeren Zeitraum (ca. eine Stunde). Die Messdaten geben also lediglich Auskunft über die Summe der stattgefundenen Aktivitäten. Außerdem benötigt eine

Aufnahme selbst einige Minuten, so dass nur je ein Bild für einen entsprechend langen Zeitabschnitt vorliegt, und das Abklingen der Strahlung begrenzt die mögliche Gesamtmessdauer. Wenn die Messung einer Kontrollbedingung an einem anderen Tag durchgeführt wird, erschwert dies jedoch die Vergleichbarkeit und kann für die teilweise widersprüchlichen Ergebnisse verantwortlich sein (Cahn & Polich, 2006).

Neben diesen methodischen Beschränkungen waren bei den vier vorliegenden PET-Studien auch die untersuchten Bedingungen eher untypisch für Meditation. Bei drei der Studien handelte es sich um »meditative Entspannung«, die in zwei Fällen mit einer gesprochenen Anleitung praktiziert wurde *(Yoga nidra)*. Dadurch ist es schwer zu unterscheiden, ob hier tatsächlich von einem selbstgesteuerten Zustand der Meditation gesprochen werden kann oder nicht vielmehr ein hypnotischer Zustand von außen induziert wurde. Bei der vierten Studie rezitierten religiöse und nichtreligiöse Personen einen Psalm, ein Gedicht und Einträge aus dem Telefonbuch. Hier stand also eher die Frage religiöser Gefühle beim Lesen von Texten im Vordergrund.

Die beiden vorliegenden Studien, in denen die SPECT-Methode eingesetzt wurde, stammen aus der Arbeitsgruppe von Newberg (2001, 2003) und waren bereits im ersten Teil des Buches erwähnt worden. Sowohl bei tibetischen Mönchen, die sich in Vorstellungen versenkten, als auch bei betenden Franziskaner-Nonnen zeigte sich eine Reduzierung des Stoffwechsels in einer Hirnregion im parietalen Cortex, in der die eigene Position im dreidimensionalen Raum repräsentiert wird.

Die beschriebenen Risiken und methodischen Begrenzungen bei PET- und SPECT-Untersuchungen haben dazu geführt, dass inzwischen ein anderes bildgebendes Verfahren am weitaus häufigsten bei Meditationsstudien eingesetzt wird: die Magnetresonanztomographie (MRT). Die Probanden befinden sich hier in einem sehr starken Magnetfeld (»Magnetröhre«). Die Wasserstoffatome im Körper sind selbst kleine Magnete, die sich in diesem Feld ausrichten. Mit Hilfe von Funkwellen einer bestimmten Frequenz können die Wasserstoffatome zum »Umklappen« gebracht werden, sich also genau entgegengesetzt zum Magnetfeld ausrichten. Wenn sie nach kurzer Zeit zurückklappen, geben sie die zuvor aufgenommene Energie wieder ab, was mit speziellen Spulen registriert wird. Durch die Überlagerung mit weiteren Magnetfeldern können die angeregten Bereiche recht genau örtlich eingegrenzt werden, so dass sich aus den aufgenommenen Daten die jeweilige Verteilung der Wasserstoffatome im Körper berechnen lässt.

Die nachfolgende Abbildung zeigt eine typische strukturelle MRT-Aufnahme. Die Schnittebene wurde so gewählt, dass einige markante anatomische Strukturen des Gehirns gut zu erkennen sind. Wichtige Bestandteile des Zentral-

Strukturelle MRT-Aufnahme

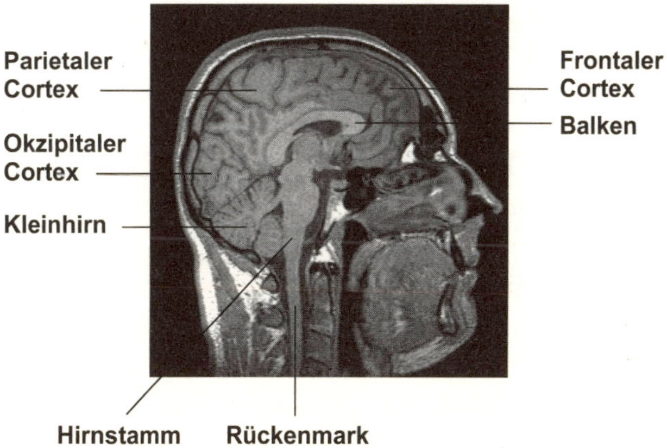

nervensystems und einige Cortexbereiche sind beschriftet. Der Balken ist ein Bündel von Nervenleitungen, die die rechte und linke Hirnhälfte miteinander verbinden. Die Aufnahme des gesamten Kopfes mit einer hohen räumlichen Auflösung (1 mm^3) beanspruchte im vorliegenden Fall sechs Minuten.

Anhand solcher strukturellen MRT-Bilder ist es möglich, zwischen den grauen Nervenzellen der Hirnrinde und den weißen Faserverbindungen zu unterscheiden. Unten stehende Abbildung zeigt Schnittbilder entlang der drei Raumachsen, auf denen der Unterschied zwischen der weißen Substanz (innen) und grauen Substanz (Saum am Rand) deutlich zu erkennen ist. Mit Hilfe spezieller Auswertungsprogramme ist es möglich, die Dicke der grauen Randschichten zu vermessen sowie deren Volumen und Dichte zu quantifizieren. Diese Daten ermöglichen es, die Hirnstrukturen verschiedener Personengruppen miteinander zu vergleichen und bei wiederholten Messungen derselben Personen Veränderungen über die Zeit festzustellen.

Drei Schnittebenen – weiße und graue Substanz

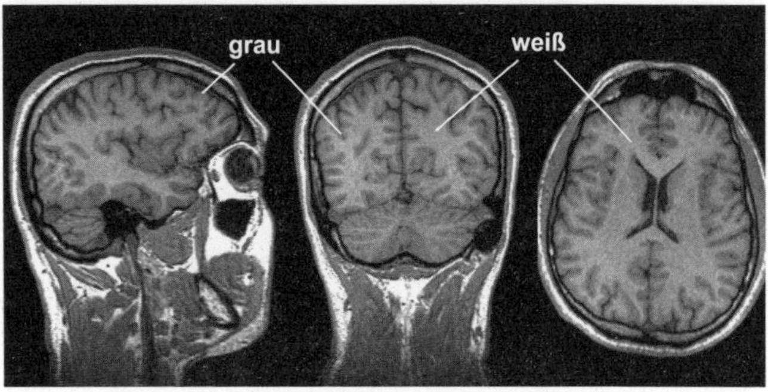

sagittal **koronal** **transversal**

Wir wissen heute, dass sich das Gehirn auch im Erwachsenenalter noch entwickelt und Lernprozesse, intensives Üben, aber auch erhöhter Stress mit Veränderungen in spezifischen Hirnstrukturen einhergehen (Stichwort *Neuroplastizität*). Wenn Sie beispielweise ein Musikinstrument erlernen, dann benötigen Sie je nach Instrument bestimmte Fingerfertigkeiten. Die sensorischen und motorischen Areale, in denen die betreffenden Empfindungen und Bewegungen neuronal repräsentiert und koordiniert werden, differenzieren sich stärker aus, d.h., es bilden sich neue Verbindungen zwischen den Nervenzellen. Es kommt dabei zu einer Verdichtung und Vergrößerung der entsprechenden Cortexgebiete. Umgekehrt kommt es auch zu einem allmählichen Abbau grauer Substanz, wenn Funktionen über längere Zeiträume nicht benötigt werden. So konnte man in Tierversuchen zeigen, dass Repräsentationen von Fingern, die mechanisch stillgelegt wurden, schrumpften und sich die Repräsentation der benachbarten, weiterhin aktiven Finger ausdehnten.

Die geistigen Tätigkeiten spiegeln sich also auf neuronaler Ebene wider. Ein bekanntes Beispiel sind die Taxifahrer in London, deren räumliche Gedächtnisareale deutlich größer waren als die von Kontrollpersonen. Es liegt nahe, dies als eine Auswirkung der Leistung zu interpretieren, sich das weitverzweigte Straßennetz zu merken und sich fortwährend darin zu orientieren. Allerdings lagen keine Messungen aus der Zeit vor Aufnahme der Tätigkeit als Taxifahrer vor. Es muss sich also nicht unbedingt um eine Auswirkung gehandelt haben, sondern es könnte auch sein, dass nur Personen mit besonders gutem Orientierungsvermögen und einer entsprechenden neuronalen Ausstattung in diesem Beruf erfolgreich sein können. Es kann vermutet werden, dass aufgrund des zunehmenden Einsatzes von Navigationssystemen die Speicherung und der

Abruf von Straßenkarten inzwischen kaum noch intern vorgenommen werden und sich daher die entsprechenden Hirnareale auf lange Sicht zurückbilden.

Die Vermessung der grauen Substanz im Gehirn wird auch vielfach angewandt, um zu untersuchen, inwiefern sich psychische Störungen in der Hirnstruktur niederschlagen oder strukturelle Defizite mit einem erhöhten Risiko einhergehen, eine bestimmte Störung zu entwickeln. So ist beispielsweise aus Tierversuchen bekannt, dass starker Stress zu einem Abbau grauer Substanz im Hippocampus führen kann und umgekehrt ein verkleinerter Hippocampus bei Menschen das Risiko erhöht, eine extrem stressvolle Erfahrung nicht verarbeiten zu können und eine posttraumatische Belastungsstörung davonzutragen.

Alle bisher vorliegenden Studien, in denen Meditierende mit Kontrollpersonen verglichen wurden, ergaben ein größeres Volumen bzw. eine größere Dichte grauer Substanz bei den Meditierenden (Übersicht in Ott et al., 2009). Die entsprechenden Hirnregionen und Funktionen, die im ersten Teil des Buches bereits an verschiedenen Stellen erwähnt wurden, sind nachfolgend nochmals aufgelistet. Außerdem werden jene Meditationsübungen genannt, die die entsprechenden Funktionen trainieren:

- rechter vorderer Inselcortex: Hier wird eine Metarepräsentation des gefühlten Leibes gebildet. Meditierende üben die achtsame Wahrnehmung körperlicher Empfindungen (Atemachtsamkeit, Body-Scan).
- orbitofrontaler Cortex (OFC): Dieses Gebiet ist an der Emotionsregulation beteiligt, insbesondere am Neulernen der Reaktionen auf unangenehme Reize. Meditierende üben sich in Gleichmut und im Abbau automatischer affektiver Reaktionen.
- rechter Hippocampus: Als Teil des limbischen Systems spielt der Hippocampus eine wichtige Rolle

bei der emotionalen Bewertung von Situationen und der Regulation der Erregung. Meditierende lernen, einen Zustand körperlicher Entspannung und wacher Aufmerksamkeit herzustellen und alle möglichen Situationen, ebenso wie die in ihnen ausgelösten Gedanken und Emotionen, zu beobachten, so dass auch unter schwierigen Bedingungen ein flexibles, angemessenes Reagieren möglich bleibt und Stress reduziert wird.

- linke untere Hirnwindung im Temporallappen: Eine Aktivierung in dieser Region wird mit Gefühlen der Präsenz, der Freude und Verbundenheit in Zusammenhang gebracht. In tiefer Meditation treten häufig Erfahrungen auf, die derartige Erlebnisqualitäten aufweisen.
- rechter Thalamus: Als »Tor des Bewusstseins«, das die Weiterleitung von Sinnesinformationen in den Cortex steuert, ist diese Struktur entscheidend an der Fokussierung der Aufmerksamkeit beteiligt. Meditierende wählen oft ein bestimmtes Meditationsobjekt und üben sich darin, die Aufmerksamkeit darauf gerichtet zu halten.
- linkes Putamen: Dieses Kerngebiet ist für die Aufrechterhaltung der Aufmerksamkeit und die Bewegungssteuerung von Bedeutung. Meditierende halten fortwährend die Achtsamkeit in der Gegenwart und Verharren ausdauernd in einer statischen körperlichen Haltung.
- Kerngebiete im Hirnstamm: Regulation von Atmung und Herz-Kreislauf-System. Es wird angenommen, dass über ein tiefes und regelmäßiges Atmen in der Meditation autonome Regelkreisläufe positiv stimuliert und harmonisiert werden.

In der nachfolgenden Abbildung ist die Lage der betreffenden Strukturen im Gehirn gekennzeichnet.

Mehr graue Substanz bei Meditierenden

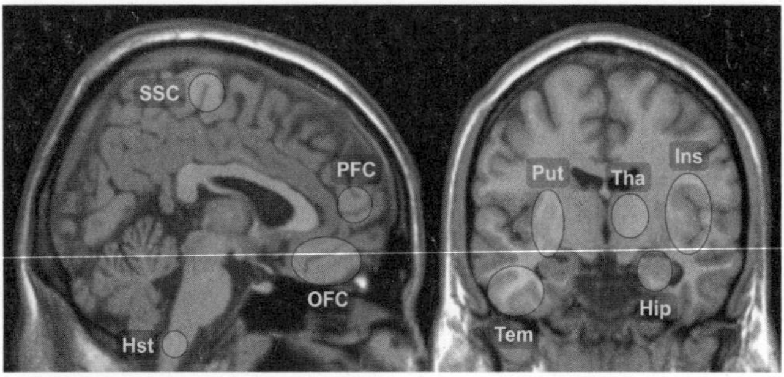

SSC : somatosensorischer Cortex
PFC : präfrontaler Cortex
OFC : orbitofrontaler Cortex
Hst : Hirnstamm
Tem : Temporallappen
Put : Putamen
Tha : Thalamus
Hip : Hippocampus
Ins: Inselcortex

Zusätzlich ist die ungefähre Lage eines *sensorischen Rindenfelds* markiert, in dem Empfindungen von der Körperoberfläche repräsentiert sind. In der Studie von Lazar et al. (2005) wiesen die Meditierenden dort eine Verdickung der Hirnrinde auf. Außerdem waren die mittlere und obere Furche im frontalen Cortex bei den untersuchten Meditierenden dicker. Dieser Effekt kam dadurch zustande, dass bei den älteren Meditierenden dort nicht der typische altersbedingte Substanzabbau zu verzeichnen war, der in der Kontrollgruppe bestand.

Bei den bisher berichteten Befunden handelt es sich durchweg um Messergebnisse von einem Zeitpunkt, so dass offen bleibt, ob die Unterschiede eine Auswirkung der Meditationspraxis sind oder bereits vorher bestanden haben. Eine aktuelle Längsschnittstudie von Hölzel et al. (2009, 2010) zeigt allerdings, dass bereits nach einem achtwöchigen MBSR-Kurs bedeutsame Veränderungen in der grauen Substanz auftreten können. Sie beobachtete einen Substanzabbau im rechten Mandelkern *(Amygdala)*, der signifikant mit dem Stresserleben zusammenhing: Je stärker der wahrgenommene Stress abnahm, desto stärker nahm dort auch die Dichte der grauen Substanz ab. Die Mandelkerne werden insbesondere bei Angstreaktionen stark aktiviert und vergrößern sich bei Versuchstieren, die Dauerstress ausgesetzt sind.

Neben dieser plausiblen Abnahme führte das Meditationstraining auch zu der erwarteten Zunahme der Dichte grauer Substanz im Hippocampus und im rechten Inselcortex (siehe oben). Wenn diese Befunde in weiteren Studien bestätigt werden, ist das ein klarer Hinweis darauf, dass bereits ein vergleichsweise kurzes Training in Achtsamkeitsmeditation zu spezifischen strukturellen Veränderungen des Gehirns führt, in denen sich die verbesserte Körperwahrnehmung und Stressbewältigung niederschlagen.

Die Methode der Magnetresonanztomographie liefert nicht nur hochaufgelöste Bilder der Hirnstruktur. Es ist darüber hinaus auch möglich, die Aktivierung von Hirnregionen zu messen. Solche *funktionellen* MRT-Aufnahmen beruhen auf dem Umstand, dass Nervenzellen, die vermehrt feuern, einen erhöhten Sauerstoff- und Energiebedarf haben. Aktive Hirnregionen werden daher verstärkt mit sauerstoffreichem Blut versorgt, dessen magnetische Eigenschaften zu einem verstärkten Bildsignal führen, dem sogenannten *BOLD-Effekt (Blood Oxygen Level Dependent)*. Die umseitige Abbildung zeigt eine typische funktionelle MRT-Aufnahme (transversale Schnittebene). Die räumliche Auflösung ist mit 3 x 3 x 5 mm zwar deutlich geringer als bei der strukturellen Aufnahme, dafür dauerte die Aufzeichnung des gesamten Gehirns mit insgesamt 30 solchen Schichtbildern lediglich drei Sekunden. Weil dem Bild ein anderes Signal zugrunde liegt, erscheinen die Nervenzellen hier heller als die Nervenverbindungen – also umgekehrt wie bei der strukturellen Aufnahme (vgl. Abbildung S. 176).

Funktionelle MRT-Aufnahme

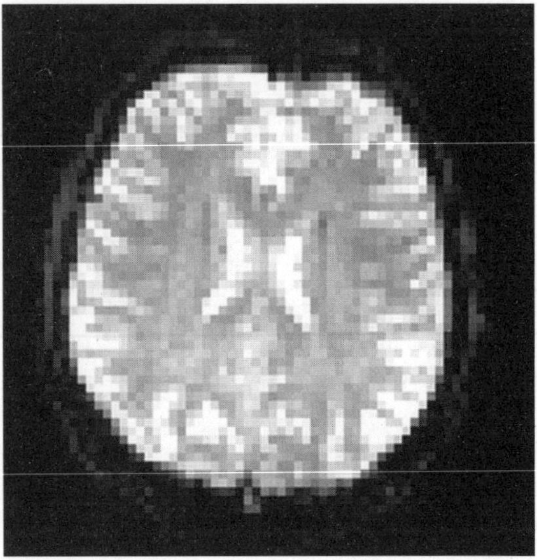

Durch die kontinuierliche Messung lassen sich Veränderungen der Aktivierung über die Zeit erfassen. Bilder, die in einer Versuchsphase aufgenommen wurden, können mit Bildern aus einer anderen Phase kontrastiert werden, um Aktivierungsunterschiede sichtbar zu machen. In einer eigenen Studie wechselten sich beispielsweise Phasen der Atemachtsamkeit mit Kopfrechenaufgaben ab (Hölzel et al., 2007). Die Differenz zwischen beiden Versuchsbedingungen zeigte in einer Gruppe erfahrener Meditierender eine stärkere Aktivierung im anterioren cingulären Cortex als in der Kontrollgruppe. Diese Region dient unter anderem der Überwachung der Aufmerksamkeit und dem Ausblenden von Störreizen. In unten stehender Abbildung ist der statistische Unterschied zwischen den Gruppen in ein hochaufgelöstes Standardhirn eingeblendet. Die erhöhte Aktivierung wurde als Anzeichen einer permanenten Ausblendung von Störreizen gewertet.

Stärkere Aktivierung bei erfahrenen Meditierenden

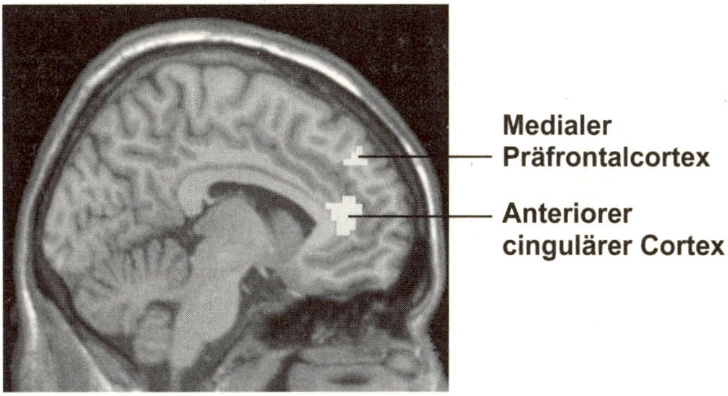

Tatsächlich ist die Messung im MRT mit sehr lauten Geräuschen verbunden, die beim schnellen Schalten der Magnetfelder entstehen. Das klackernde Geräusch wird zwar zunächst oft als unangenehm und störend empfunden, ist jedoch sehr monoton, so dass rasch eine Gewöhnung eintritt. Manche Meditierende berichten sogar, besonders gut in der Magnetröhre meditieren zu können, weil keinerlei andere Geräusche zu hören seien. Außerdem hält das laute Geräusch wach und reduziert das Risiko, in der liegenden Position wegzudösen oder gar einzuschlafen.

Inzwischen liegen mehrere funktionelle MRT-Studien vor, die sich mit Effekten der Meditation auf die Aufmerksamkeit und auf emotionale Reaktionen beschäftigen (Lutz et al., 2008 a, 2008 b). Darüber hinaus wird versucht, verschiedene Aspekte der Selbstwahrnehmung zu unterscheiden und diesbezügliche Veränderungen durch Meditationstraining zu objektivieren (Farb et al., 2007). Wenn diese Forschung weiterhin so rasch voranschreitet, wird sie uns in absehbarer Zeit in die Lage versetzen, auch jene neuronalen Prozesse zu verstehen, die der veränderten Selbst- und Realitätswahrnehmung in tiefen Meditationszuständen zugrunde liegen.

Zukunftsperspektiven

Die Abbildungen zur Forschungsaktivität in den vorangegangenen Kapiteln verdeutlichen das enorme Tempo, in dem die wissenschaftliche Erforschung der Meditation gegenwärtig voranschreitet. In diesem Abschnitt werden Bereiche skizziert, die für den weiteren Erkenntnisfortschritt von besonderer Bedeutung sind und bei der zukünftigen Entwicklung dieses Forschungsfeldes aller Voraussicht nach einen großen Stellenwert einnehmen werden.

Ein wichtiger Bereich ist die zunehmende Integration von Messmethoden. Inzwischen ist es möglich, während funktioneller MRT-Messungen zugleich auch die elektrische Hirnaktivität zu registrieren. Spezielle EEG-Verstärker erlauben es, die Störungen, die durch die MRT-Messung eingestreut werden, vollständig mit aufzuzeichnen, so dass sie im Nachhinein identifiziert und entfernt werden können. Auch die Integration von funktionellen und strukturellen MRT-Daten steht noch am Anfang. Liegen die oben beschriebenen strukturellen Unterschiede in den Gebieten, die auch während der Meditation aktiviert werden, oder handelt es sich um indirekte Effekte, die durch ein verändertes Verhalten im Alltag hervorgerufen werden?

Um derartige Fragen schlüssig beantworten zu können und auch, um zu klären, wie lange es dauert, bis sich die Übungspraxis in der Hirnstruktur niederschlägt, sind Längsschnittstudien unerlässlich. Nur wiederholte Messungen können Aufklärung darüber geben, wie sich der subjektive Übungsfortschritt auf die Fähigkeiten zur Selbstregulation auswirkt, ob sich also beispielsweise parallel zum Erleben von gleichbleibend hoher Achtsamkeit auch Verläufe der Hirnaktivität stabilisieren.

Einen anderen relevanten Bereich für die neurowissenschaftliche Meditationsforschung stellen Forschungsansätze dar, die versuchen, neuronale Korrelate für das »Selbst« zu identifizieren. Ausgangspunkt sind dabei meist psychische Störungen, die mit einer tiefgehenden Störung des Selbsterlebens einhergehen, wie die Schizophrenie, oder mit einer übermäßigen, negativ geprägten Beschäftigung mit dem eigenen Selbst bei depressiven Erkrankungen (Northoff, 2007; Sass & Parnas, 2003).

Bei der Suche nach einer neuronalen Signatur des »Selbst« und seiner Störungen wird deutlich, dass es viele Aspekte der Selbstbewusstheit und Identität gibt und nicht eine Hirnregion alleine verantwortlich sein kann, sondern das Zusammenspiel mehrerer Regionen. In der Zukunft wird eine wichtige Aufgabe der Forschung darin bestehen, aufzuklären, wie Meditationstechniken die Verbindungen zwischen verschieden Netzwerken im Gehirn beeinflussen, die bei psychischen Störungen charakteristische Abweichungen zeigen (nur schwach ausgebildete oder übermäßig starke Verbindungen).

Was geschieht mit neuronalen Repräsentationen der eigenen Person und der Umwelt während mystischer Erlebensweisen? Kommt es zu einer gleichlaufenden Aktivierung separater Netzwerke, die normalerweise gegenläufig ist? Wenn wir ganz bei uns sind, blenden wir die

Umgebung aus und umgekehrt. Je besser das komplexe Zusammenspiel neuronaler Netzwerke, die das Selbst bilden, verstanden wird, desto klarer kann man Hypothesen ableiten und überprüfen, wie sich durch Meditationsübungen die Selbstbewusstheit verändern lässt, bis hin zu einer Aufhebung der Ego-Zentrierung während mystischer Erfahrungen, in denen sich das gewohnte abgegrenzte Selbst aufzulösen scheint (Metzinger, 2008).

Die Beschäftigung mit diesen Forschungsfragen steht in der langen Tradition der Selbsterforschung des Menschen und kann einen wichtigen Beitrag zum philosophischen Projekt der Aufklärung leisten.

RESÜMEE UND AUSBLICK

Im Mittelpunkt dieses Buches steht ein individueller Zugang zur Entwicklung des eigenen Bewusstseins mit Hilfe von Meditationstechniken, bis hin zu tiefen Einsichten in die konstruktive Natur der Selbst- und Weltwahrnehmung, die unser Gehirn uns vermittelt. Gerade für skeptische Menschen, die die eigene Weltsicht kritisch hinterfragen möchten, ist Meditation als Methode attraktiv und zugleich eine Herausforderung, die Behauptungen mystischer Traditionen über eine erweiterte Selbsterkenntnis in mystischen Bewusstseinszuständen zu überprüfen (Vivekananda, 1988).

Sie benötigen keine komplizierten und teueren Geräte, um Ihrem Gehirn bei der Arbeit zusehen zu können. Ihr eigenes Erleben ist die subjektive Seite der Aktivitäten in Ihrem Gehirn, zu der Sie einen exklusiven Zugang haben. Mittels systematischer Innenschau können Sie selbst die Arbeitsweisen und Möglichkeiten dieses Organs erforschen. Alles, was Sie benötigen, sind etwas Zeit, Motivation und Selbstdisziplin beim Üben der vorgestellten Meditationstechniken.

Aufgrund ihrer vielfältigen Wirkungen ist Meditation für mehrere wissenschaftliche Disziplinen von Relevanz und findet in den USA bereits vielerorts Eingang in die akademische Ausbildung. Als Methode der *systematischen Introspektion* ist sie ein wichtiges Instrument, um psychologische Vorgänge zu untersuchen und philosophischen Fragen über die Natur von Selbst und Wirklichkeit nachzugehen. Achtsamkeitsbasierte Meditationsprogramme werden zunehmend als alternative und ergänzende Behandlungsverfahren in der Verhaltensmedizin und klinischen Psychologie eingesetzt. In der Theologie und der Religionswissenschaft kann Meditation genutzt werden, um spirituelle Erfahrungen aus erster Hand zu machen, die eine wichtige Voraussetzung für ein echtes Verständnis der mystischen Zweige der Religionen sind. Studierende können durch Meditationstraining nicht nur professionelle Kompetenzen erwerben, sondern auch lernen, den Stress des Studiums besser zu bewältigen und im späteren Berufsleben einem Burnout vorzubeugen.

Durch die wissenschaftliche Beschäftigung mit Meditation werden überlieferte Techniken nüchtern und objektiv auf ihre Wirkungen hin überprüft. Religiöse Weltanschauungen und Interpretationen werden dabei zunehmend ersetzt durch psychologische und neurophysiologische Erklärungsmodelle, die durch die offene und kritische Diskussion innerhalb der internationalen wissenschaftlichen Gemeinschaft permanent weiterentwickelt werden.

Das große gesellschaftliche Interesse an neuen wissenschaftlichen Erkenntnissen in diesem Forschungsbereich schlägt sich in unzähligen Medienberichten und Buchveröffentlichungen nieder (Lesetipps auf der Website zum Buch). Meditation war in der Vergangenheit bereits des Öfteren der Motor von Reformbewegungen, die jedoch weitestgehend auf Subkulturen beschränkt blieben (Baier, 2009). Durch die wissenschaftliche Fundierung stoßen Meditationstechniken heutzutage auf eine breitere gesellschaftliche Akzeptanz und können langfristig einen wichtigen Beitrag zur Entwicklung einer neuen Bewusstseinskultur leisten (Metzinger, 2009).

Meditation, wie sie in diesem Buch verstanden und vorgestellt wird, verbindet Rationalität und Spiritualität miteinander, fördert einerseits die Selbstbestimmung und Gesundung des Einzelnen, macht ihm andererseits jedoch auch sein ökologisches und soziales Eingebundensein bewusst. Eine Meditationspraxis, die auf individuelle Selbsterkenntnis ausgerichtet ist, fördert zugleich eine Haltung der Offenheit, Toleranz und des Mitgefühls. Wenn Sie durch dieses Buch dazu angeregt werden, Meditation in diesem Sinne anzuwenden, dann hat es seinen Sinn erfüllt.

LITERATUR

Baer, Ruth A.: »Mindfulness training as a clinical intervention: A conceptual and empirical review«, in: *Clinical Psychology: Science and Practice.* Juni 2003, Band 10, Heft 2, S. 125–143.

Baier, Karl: *Meditation und Moderne.* Würzburg 2009.

Barinaga, Marcia: »Studying the well-trained mind«, in: *Science.* Oktober 2003, Band 302, S. 44–46.

Beary, John F./Benson, Herbert: »A simple psychophysiologic technique which elicits the hypometabolic changes of the relaxation response«, in: *Psychosomatic Medicine.* März-April 1974, Band 36, S. 115–120.

Beauregard, Mario/Paquette, Vincent: »Neural correlates of a mystical experience in Carmelite nuns«, in: *Neuroscience Letters.* September 2006, Band 405, Heft 3, S. 186–190.

Becker, David E./Shapiro, David: »Physiological responses to clicks during Zen, Yoga, and TM meditation«, in: *Psychophysiology.* November 1981, Band 18, Heft 6, S. 694–699.

Bernardi, Luciano/Sleight, Peter/Bandinelli, Gabriele/Cencetti, Simone/Fattorini, Lamberto/Wdowczyc-Szulc, Johanna/Lagi, Alfonso: »Effect of rosary prayer and Yoga mantras on autonomic cardiovascular rhythms: comparative study«, in: *British Medical Journal (*BMJ*)*, Dezember 2001, Band 323, Heft 7327, S. 1446–1449.

Bojak, Ingo/Liley, David T. J.: »Self-organized 40 Hz synchronization in a physiological theory of EEG«, in: *Neurocomputing.* Juni 2007, Band 70, Heft 10–12, S. 2085–2090.

Brefczynski-Lewis, Julie A./Lutz, Antoine/Schaefer, Hillary S./Levinson, Daniel B./Davidson, Richard J: »Neural correlates of attentional expertise in long-term meditation practitioners«, in: *Proceedings of the National Academy of Sciences of the* USA. Juli 2007, Band 104, Heft 27, S. 11483–11488.

Bucher, Anton A: *Psychologie der Spiritualität: Handbuch.* Weinheim/Basel 2007.

Buckner, Randy L./Vincent, Justin L.: »Unrest at rest: default activity and spontaneous network correlations«, in: *NeuroImage.* Oktober 2007, Band 37, Heft 4, S. 1091–1096.

Buckner, Randy L./Andrews-Hanna, Jessica R./Schacter, Daniel L.: »The Brain's Default Network. Anatomy, Function, and Relevance to Disease«, in: *Annals of the New York Academy of Sciences.* März 2008, Band 1124, S. 1–38.

Cahn, B. Rael/Delorme, Arnaud/Polich, John: »Occipital gamma activation during Vipassana meditation«, in: *Cognitive Processing.* Februar 2010, Band 11, Heft 1, S. 39–56.

Cahn, B. Rael/Polich, John: »Meditation states and traits: EEG, ERP, and neuroimaging studies«, in: *Psychological Bulletin.* März 2006, Band 132, Heft 2, S. 180–211.

Carrington, Patricia: *Das große Buch der Meditation.* Bern 1997.

Chiesa, Alberto/Serretti, Alessandro: »Mindfulness-based stress reduction for stress management in healthy people: a review and meta-analysis«, in: *Journal of Alternative and Complementary medicine*, Mai 2009, Band 15, Heft 5, S. 593–600.

Craig, A. D. (Bud): »How do you feel? Interoception: the sense of the physiological condition of the body«, in: *Nature reviews. Neuroscience.* August 2002, Band 3, Heft 8, S. 655–666.

Craig, A. D. (Bud): »Interoception: the sense of the physiological condition of the body«, in: *Current Opinion in Neurobiology.* August 2003, Band 13, Heft 4, S. 500–505.

Craig, A. D. (Bud): »Human feelings: why are some more aware than others?«, in: *Trends in cognitive sciences.* Juni 2004, Band 8, Heft 6, S. 239–241.

Craig, A. D. (Bud): »How do you feel – now? The anterior insula and human awareness«, in: *Nature reviews. Neuroscience.* Januar 2009, Band 10, Heft 1, S. 59–70.

Damásio, António R.: *Descartes' Irrtum: Fühlen, Denken und das menschliche Gehirn.* München 1999.

Damásio, António R.: *Ich fühle, also bin ich.* München 2002.

Davidson, Richard J.: »Affective style, psychopathology, and resilience: brain mechanisms and plasticity«, in: *American Psychologist.* November 2000, Band 55, Heft 11, S. 1196–1214.

Davidson, Richard J./Kabat-Zinn, Jon/Schumacher, Jessica/Rosenkranz, Melissa/Muller, Daniel/Santorelli, Saki F./Urbanowski, Ferris/Harrington, Anne/Bonus, Katherine/Sheridan, John F.: »Alterations in brain and immune function produced by mindfulness meditation«, in: *Psychosomatic Medicine*. Juli-August 2003, Band 65, S. 564–570.

Dietrich, Arne: »Functional neuroanatomy of altered states of consciousness: the transient hypofrontality hypothesis«, in: *Consciousness and Cognition*. Juni 2003, Band 12, Heft 2, S. 231–256.

Dittrich, Adolf/Arx, Sylvia von/Staub, Susanne: »International study on altered states of consciousness (ISASC). Summary of the results«, in: *German Journal of Psychology*. 1985, Band 9, S. 319–339.

Dürckheim, Karlfried Graf von: *Hara. Die Erdmitte des Menschen* (7. Auflage). Bern 1975.

Farb, Norman A S./Segal, Zindel V./Mayberg, Helen/Bean, Jim/McKeon, Deborah/Fatima, Zainab/Anderson, Adam K.: »Attending to the present: mindfulness meditation reveals distinct neural modes of self-reference«, in: *Social Cognitive and Affective Neuroscience*. Dezember 2007, Band 2, Heft 4, S. 313–322.

Fehr, Theo: »Die modifizierende Wirkung sozialer Erwünschtheit in der psychologischen Selbstbeschreibung Praktizierender spiritueller Techniken am Beispiel der Transzendentalen Meditation«, in: *Report Psychologie*. Januar 2002, Band 27, S. 22–31. (Hintergrundinformationen: http://www.tm-independent.de)

Freeman, Walter J./Vitiello, Giuseppe: »Nonlinear brain dynamics as macroscopic manifestation of underlying many-body field dynamics«, in: *Physics of Life Reviews*. 2006, Band 3, S. 93–118.

Grawe, Klaus/Donati, Friederike/Bernauer, Ruth: *Psychotherapie im Wandel – von der Konfession zur Profession*. Göttingen 1994.

Greenfield, Thomas K.: »Individual differences and mystical experience in response to three forms of meditation«. *Dissertation Abstracts International.* 1978, Band 38, Heft 11, S. 5569–5570.

Grepmair, Ludwig/Nickel, Marius: *Achtsamkeit des Psychotherapeuten.* Wien 2007.

Griffiths, Roland R./Richards, William A./McCann, Una/Jesse, Robert: »Psilocybin can occasion mystical-type experiences having substantial and sustained personal meaning and spiritual significance«, in: *Psychopharmacology.* August 2006, Band 187, Heft 3, S. 268–283.

Grossman, Paul/Niemann, Ludger/Schmidt, Stefan/Walach, Harald: »Mindfulness-based stress reduction and health benefits: A meta-analysis«, in: *Journal of Psychosomatic Research.* Juli 2004, Band 57, Heft 1, S. 35–43.

Hart, William/Bartsch, Heinz: *Die Kunst des Lebens: Vipassana-Meditation nach S. N. Goenka.* Frankfurt am Main 2006.

Heidenreich, Thomas/Michalak, Johannes: »Einführung in die Thematik Achtsamkeit und Akzeptanz in der Psychotherapie«, in: *Zeitschrift für Psychiatrie, Psychologie und Psychotherapie.* 2006, Band 54, Heft 4, S. 231–240.

Hinterberger, Thilo: »Monitoring of Brain States During Meditation in Practitioners from Various Traditions: Methods and Results«, in: *Neuroscience, Consciousness and Spirituality, Proceedings of the Expert Meeting in Freiburg/Breisgau* 2010. URL: http://www.uniklinik-freiburg.de/medmed/live/events/Expert-Meeting-Neuroscience-Consciousness-and-Spirituality-2010.html (Abruf am 11. April 2010).

Hölzel, Britta K./Ott, Ulrich/Hempel, Hannes/Hackl, Andrea/Wolf, Katharina/Stark, Rudolf/Vaitl, Dieter: »Differential engagement of anterior cingulate and adjacent medial frontal cortex in adept meditators and non-meditators«, in: *Neuroscience Letters.* Juni 2007, Band 421, Heft 1, S. 16–21.

Hölzel, Britta K./Ott, Ulrich/Gard, Tim/Hempel, Hannes/Weygandt, Martin/Morgen, Katrin/Vaitl, Dieter: »Investigation of mindfulness meditation practitioners with voxel-based morphometry«, in: *Social Cognitive and Affective Neuroscience.* März 2008, Band 3, Heft 1, S. 55–61.

Hölzel, Britta K./Carmody, James/Evans, Karleyton C./Hoge, Elizabeth A./Dusek, Jeffery A./Morgan, Lucas/Pitman, Roger K./Lazar, Sara W.: »Stress reduction correlates with structural changes in the amygdala«. *Social Cognitive and Affective Neuroscience*. März 2010, Band 5, Heft 1, S. 11–17.

Hood, Ralph W.: »The construction and preliminary validation of a measure of reported mystical experience«, in: *Journal for the Scientific Study of Religion*. 1975, Band 14, S. 29–41.

Hutcherson, Cendri A./Seppala, Emma M./Gross, James J.: »Loving-kindness meditation increases social connectedness«, in: *Emotion*. Oktober 2008, Band 8, Heft 5, S. 720–724.

Jäger, Williges/Kohtes, Paul J. (Hrsg.): *zen@work – Manager und Meditation: Einzigartige Erfahrungsberichte aus der Führungsetage*. Bielefeld 2009.

Jalics, Franz: *Kontemplative Exerzitien. Eine Einführung in die kontemplative Lebenshaltung und in das Jesusgebet* (11. Aufl.). Würzburg 2008.

James, William: *The Principles of Psychology*. New York/London 1890.

James, William: *Varieties of Religious Experience, a Study in Human Nature*. New York/London 1902.

Jha, Amishi P./Krompinger, Jason/Baime, Michael J.: »Mindfulness training modifies subsystems of attention«, in: *Cognitive, affective & behavioral neuroscience*. Juni 2007, Band 7, Heft 2, S. 109–119.

Kabat-Zinn, Jon: *Gesund durch Meditation: Das große Buch der Selbstheilung*. Frankfurt am Main 2006.

Kapleau, Philip (Hrsg.): *Die drei Pfeiler des Zen: Lehre – Übung – Erleuchtung* (7. Aufl.). Bern 1987.

Koch, Anja: *Mindfulness-Based Stress Reduction. Theoretische Betrachtungen und Metaanalysen zur klinischen Effektivität*. Diplomarbeit, Friedrich-Schiller-Universität Jena 2007.

Krampen, Günter: *Einführungskurse zum Autogenen Training. Ein Lehr- und Übungsbuch für die psychosoziale Praxis*. Göttingen 1998.

Kristeller, Jean L./Baer, Ruth A./Quillian-Wolever, Ruth: »Mindfulness-based approaches to eating disorders«, in: Baer, Ruth A. (Hg.): *Mindfulness-based treatment approaches: Clinician's guide to evidence base and applications* (S.75–91). San Diego, CA, 2006.

Laurenz, Lisa: »Psychologie: ein Schlüssel zum guten Leben?«, in: *Funkkolleg Psychologie des hr.* Folge 25, 16. Mai 2009. URL: http://www.hr-online.de/website/specials/wissen/index.jsp?rubrik=40214&key=standard_document_36938376 (Abgerufen: 4. April 2010, 13:27 UTC).

Lazar, Sara W./Kerr, Catherine E./Wasserman, Rachel H./Gray, Jeremy R./Greve, Douglas N./Treadway, Michael T./McGarvey, Metta/Quinn, Brian T./Dusek, Jeffery A./Benson, Herbert/Rauch, Scott L./Moore, Christopher I./Fischl, Bruce: »Meditation experience is associated with increased cortical thickness«, in: *Neuroreport.* November 2005, Band 16, Heft 17, S.1893– 897.

Lehrer, Paul/Sasaki, Yuji/Saito, Yoshihiro: »Zazen and Cardiac Variability«, in: *Psychosomatic Medicine.* November-Dezember 1999, Band 61, Heft 6, S. 812–821.

Lehrer, Paul M./Vaschillo, Evgeny/Vaschillo, Bronya: »Resonant Frequency Biofeedback Training to Increase Cardiac Variability: Rationale and Manual for Training«, in: *Applied Psychophysiology and Biofeedback.* September 2000, Band 25, Heft 3, S.177–191.

Luders, Eileen/Toga, Arthur W./Lepore, Natasha/Gaser, Christian: »The underlying anatomical correlates of long-term meditation: Larger hippocampal and frontal volumes of gray matter«, in: *NeuroImage.* April 2009, Band 45, Heft 3, S. 672–678.

Lutz, Antoine/Greischar, Lawrence L./Rawlings, Nancy B./Ricard, Matthieu/Davidson, Richard J.: »Long-term meditators self-induce high-amplitude gamma synchrony during mental practice«, in: *Proceedings of the National Academy of Sciences of the* USA. November 2004, Band 101, Heft 46, S. 16369–16373.

Lutz, Antoine/Dunne, John P./Davidson, Richard J.: »Meditation and the Neuroscience of Consciousness: An Introduction«, in: Zelazo, Philip D./Moscovitch, Morris/Thompson, Evan (Hg.): The *Cambridge Handbook of Consciousness* (S. 499–554). New York 2007.

Lutz, Antoine/Slagter, Heleen A./Dunne, John D./Davidson, Richard J.: »Attention regulation and monitoring in meditation«, in: *Trends in cognitive sciences.* April 2008[a], Band 12, Heft 4, S. 163–169.

Lutz, Antoine/Brefczynski-Lewis, Julie/Johnstone, Tom/Davidson, Richard J.: »Regulation of the Neural Circuitry of Emotion by Compassion Meditation: Effects of Meditative Expertise«, in: PL*o*S ONE (Public Library of Science). März 2008 [b], Band 3, Heft 3, Artikel-Nummer e1897.

Lutz, Antoine/Greischar, Lawrence L./Perlman, David M./Davidson, Richard J.: »BOLD signal in insula is differentially related to cardiac function during compassion meditation in experts vs. novices«, in: *NeuroImage.* September 2009, Band 47, Heft 3, S. 1038–1046.

Lynch, Siobhán M./Gander, Marie-Louise/Kohls, Niko/Kudielka, Brigitte/Walach, Harald: »Mindfulness Based Coping with University Life (MBCUL): A Non-Randomized Waitlist-Controlled Pilot Evaluation«, Manuskript eingereicht in: *Journal of American College Health.* 2009.

Marshall, Paul: *Mystical encounters with the natural world.* Oxford 2005.

Metzinger, Thomas: *Der Ego-Tunnel. Eine neue Philosophie des Selbst: Von der Hirnforschung zur Bewusstseinsethik.* Berlin 2009.

Metzinger, Thomas: »Empirical perspectives from the self-model theory of subjectivity: a brief summary with examples«, in: *Progress in Brain Research.* 2008, Band 168, S. 215–245.

Müller, Ines Katharina/Ziehen, Jessica: *Die Förderung von Achtsamkeit, psychischer und physischer Gesundheit durch achtsamkeitsbasierte Interventionen – Meta-Analysen kontrollierter Studien.* Diplomarbeit, Philipps-Universität Marburg 2009.

Müller, Peter: *Merkmale des Erlebens in Zuständen »tiefer«*

Meditation: Entwicklung eines Fragebogens zur quantitativen Erfassung des Konstruktes »Meditationstiefe«. Diplomarbeit, Johann-Wolfgang-Goethe-Universität Frankfurt am Main 1997.

Murphy, Michael/Donovan, Steven: *The physical and psychological effects of meditation. A review of contemporary research with a comprehensive bibliography,* 1931–1996. Sausalito, CA, 1997. URL: http://www.noetic.org/research/medbiblio (Abgerufen: 25. April 2010, 11:32 UTC).

Newberg, Andrew/Alavi, Abass/Baime, Michael/Pourdehnad, Michael/Santanna, Jill/d'Aquili, Eugene: »The measurement of regional cerebral blood flow during the complex cognitive task of meditation: a preliminary SPECT study«, in: *Psychiatry Research: Neuroimaging.* April 2001, Band 106, Heft 2, S. 113–122.

Newberg, Andrew B./Iversen, Jeremy: »The neural basis of the complex mental task of meditation: neurotransmitter and neurochemical considerations«, in: *Medical Hypotheses.* August 2003, Band 61, Heft 2, S. 282–291.

Newberg, Andrew/Pourdehnad, Michael/Alavi, Abass/d'Aquili, Eugene: »Cerebral blood flow during meditative prayer: Preliminary findings and methodological issues«, in: *Perceptual and Motor Skills.* Oktober 2003, Band 97, Heft 2, S. 625–630.

Nielsen, Lisbeth/Kaszniak, Alfred W.: »Awareness of subtle emotional feelings: a comparison of long-term meditators and nonmeditators«, in: *Emotion.* August 2006, Band 6, Heft 3, S. 392–405.

Northoff, Georg: »Psychopathology and pathophysiology of the self in depression – neuropsychiatric hypothesis«, in: *Journal of Affective Disorders.* Dezember 2007, Band 104, Heft 1–3, S. 1–14.

Ochsner, Kevin N./Gross, James J.: »Cognitive emotion regulation: Insights from social cognitive and affective neuroscience«, in: *Currents Directions in Psychological Science.* April 2008. Band 17, Heft 2, S. 153–158.

Ospina, Maria B./Bond, Kenneth/Karkhaneh, Mohammad/Tjosvold, Lisa/Vandermeer, Ben/Liang, Yuanyuan/Bialy, Liza/Hooton, Nicola/Buscemi, Nina/Dryden, Donna M./Klassen, Terry P.: *Meditation Practices for Health: State of the Research* (Evidence Report/Technology Assessment No. 155). Rockville, MD: Agency for Healthcare Research and Quality 2007. URL: http://www.ahrq.gov/clinic/tp/medittp.htm

Ott, Ulrich: »Meditation«, in Petermann, Franz/Vaitl, Dieter (Hg.): *Entspannungsverfahren. Das Praxishandbuch* (4. Aufl.) (S. 132–142). Weinheim 2009.

Ott, Ulrich: *Merkmale der 40-Hz-Aktivität im EEG während Ruhe, Kopfrechnen und Meditation* (Schriften zur Meditation und Meditationsforschung, Band 3). Frankfurt am Main 2000.

Ott, Ulrich: »Time experience during mystical states« (Beitrag für den Tagungsband), in: *European Research Network: Science – Religion Interaction in the 21st Century (*SR21*), International Conference*. Athen, Griechenland 20.–22. September 2007.

Ott, Ulrich: »Transpersonale Perspektiven in der Meditationsforschung«, in: *Transpersonale Psychologie und Psychotherapie*. 2008, Band 14, Heft 1, S. 75–82.

Ott, Ulrich/Hölzel, Britta/Vaitl, Dieter: »Brain Structure and Meditation. How Spiritual Practice Shapes the Brain«, in: *Neuroscience, Consciousness and Spirituality, Proceedings of the Expert Meeting in Freiburg/Breisgau* 2008. (Der Tagungsband wird von Harald Walach und Stefan Schmidt herausgegeben und ist im August 2011 im Springer Verlag erschienen.)

Ott, Ulrich/Walter, Bertram/Gebhardt, Helge/Stark, Rudolf/Vaitl, Dieter: »Inhibition of Default Mode Network Activity During Mindfulness Meditation« (Poster), in: 16*th Annual Meeting of the Organization for Human Brain Mapping*. Barcelona, Spanien 6.–10. Juni 2010.

Pace, Thaddeus W. W./Negi, Lobsang Tenzin/Adame, Daniel D./Cole, Steven P./Sivilli, Teresa I./Brown, Timothy D./Issa, Michael J./Raison, Charles L.: »Effect of compassion meditation on neuroendocrine, innate immune and behavioral responses to psychosocial stress«, in: *Psychoneuroendocrinology*. Januar 2009, Band 34, Heft 1, S. 87–98.

Pagnoni, Giuseppe/Cekic, Milos/Guo, Ying: »›Thinking about Not-Thinking‹: Neural Correlates of Conceptual Processing during Zen Meditation«, in: PLoS ONE (Public Library of Science). Band 3, Heft 9, Artikel-Nummer e3083.

Persinger, Michael A.: »Religious and mystical experiences as artifacts of temporal lobe function: a general hypothesis«, in: *Perceptual and Motor Skills*. Dezember 1983, Band 57, Heft 3, S. 1255–1262.

Persinger, Michael A.: »Striking EEG profiles from single episodes of glossolalia and transcendental meditation«, in: *Perceptual and Motor Skills*. Februar 1984, Band 58, Heft 1, S. 127– 133.

Piron, Harald: *Meditation und ihre Bedeutung für die seelische Gesundheit*. (Transpersonale Studien Band 7). Oldenburg 2003.

Raichle, Marcus E./MacLeod, Ann Mary/Snyder, Abraham Z./ Powers, William J./Gusnard, Debra A./Shulman, Gordon L.: »A default mode of brain function«, in: *Proceedings of the National Academy of Sciences of the USA*. Januar 2001, Band 98, Heft 2, S. 676–682.

Raichle, Michael E./Snyder, Abraham Z.: »A default mode of brain function: A brief history of an evolving idea«, in: *NeuroImage*. Oktober 2007, Band 37, Heft 4, S. 1083–1090.

Sadler-Smith, Eugene/Shefy, Erella: »Developing intuitive awareness in management education«, in: *Academy of Management Learning & Education*. Juni 2007. Band 6, Heft 2, S. 186–205.

Sass, Louis A./Parnas Josel: »Schizophrenia, Consciousness, and the Self«, in: *Schizophrenia Bulletin*. 2003, Band 29, Heft 3, S. 427–444.

Scharfetter, Christian: *Der spirituelle Weg und seine Gefahren. Eine Übersicht für Berater und Therapeuten*. Stuttgart 1992.

Schilbach, Leo/Eickhoff, Simon B./Rotarska-Jagiela, Anna/Fink, Gereon R./Vogeley, Kai: »Minds at rest? Social cognition as the default mode of cognizing and its putative relationship to the ›default system‹ of the brain«, in: *Consciousness and Cognition.* Juni 2008, Band 17, Heft 2, S. 457–467.

Schienle, Anne/Schäfer, Axel: »Neuronale Korrelate der Expositionstherapie bei Patienten mit spezifischen Phobien«, in: *Verhaltenstherapie.* Juni 2006, Band 16, Heft 2, S. 104–110.

Schultz, Johannes H: *Das autogene Training* (19. unveränderte Auflage). Stuttgart 1991.

Seer, Peter: »Konzentrative Meditation und kognitive Verhaltenstherapie: Integrationsmöglichkeiten und Unterschiede«, in: *Psychotherapie, Psychosomatik, Medizinische Psychologie.* 1986, Band 36, Heft 9–10, S. 301–306.

Segal Zindel V./Williams J. Mark G./Teasdale John D: *Die Achtsamkeitsbasierte Kognitive Therapie der Depression: Ein neuer Ansatz zur Rückfallprävention.* Tübingen 2008.

Shapiro, Deane H./Walsh, Roger N. (Hrsg.): *Meditation: Classic and Contemporary Perspectives.* New York, NY 1984.

Singer, Wolf: »Synchronization of cortical activity and its putative role in information processing and learning«, in: *Annual Review of Physiology.* 1993, Band 55, S. 349–374.

Singer, Wolf/Ricard, Matthieu: *Hirnforschung und Meditation: Ein Dialog.* Frankfurt am Main 2008.

Slagter, Heleen A./Lutz, Antoine/Greischar, Lawrence L./Francis, Andrew D./Nieuwenhuis, Sander/Davis, James M./Davidson, Richard J.: »Mental training affects distribution of limited brain resources«, in: *PLoS Biology.* Juni 2007, Band 5, Heft 6, Artikel-Nummer e138.

Smallwood Jonathan/Schooler Jonothan W.: »The restless mind«, in: *Psychological Bulletin.* November 2006, Band 132, Heft 6, S. 946–958.

Stace, Walter T.: *Mysticism and Philosophy.* London 1961.

Stuckey, David E./Lawson, Robert/Luna, Luis Eduardo: »EEG gamma coherence and other correlates of subjective reports during ayahuasca experiences«, in: *Journal of Psychoactive Drugs.* Juni 2005, Band 37, Heft 2, S. 163–178.

Vaitl, Dieter/Birbaumer, Niels/Gruzelier, John/Jamieson, Graham/Kotchoubey, Boris/Kübler, Andrea/Lehmann, Dietrich/Miltner, Wolfgang H. R./Ott, Ulrich/Pütz, Peter/Sammer, Gebhard/Strauch, Inge/Strehl, Ute/Wackermann, Jiri/Weiss, Thomas: »Psychobiology of Altered States of Consciousness«, in: *Psychological Bulletin.* Januar 2005, Band 131, Heft 1, S. 98–127.

Varela, Francisco/Lachaux, Jean-Philippe/Rodriguez, Eugenio/Martinerie, Jacques: »The brainweb: phase synchronization and large-scale integration«, in: *Nature reviews. Neuroscience.* April 2001, Band 2, Heft 4, S. 229–239.

Vestergaard-Poulsen, Peter/van Beek, Martijn/Skewes, Joshua/Bjarkam, Carsten R./Stubberup, Michael/Bertelsen, Jes/Roepstorff, Andreas: »Long-term meditation is associated with increased gray matter density in the brain stem«, in: *Neuroreport.* Januar 2009, Band 20, Heft 2, S. 170–174.

Vivekananda, Swami: *Raja-Yoga.* Freiburg im Breisgau 1988.

Vollenweider, Franz X./Geyer, Mark A.: »A systems model of altered consciousness: Integrating natural and drug-induced psychosis«, in: *Brain Research Bulletin.* November 2001, Band 56, Heft 5, S. 495–507.

Walach, Harald/Kohls, Niko/Belschner, Wilfried: »Transpersonale Psychologie – Psychologie des Bewusstseins: Chancen und Probleme«, in: *Psychotherapie, Psychosomatik, medizinische Psychologie.* September-Oktober 2005, Band 55, Heft 9/10, S. 405–415.

Walach, Harald/Nord, Eva/Zier, Claudia/Dietz-Waschkowski, Barbara/Kersig, Susanne/Schüpbach, Heinz: »Mindfulness-based stress reduction as a method for personnel development: A pilot evaluation«, in: *International Journal of Stress Management.* Mai 2007, Band 14, Heft 2, S. 188–198.

West, Michael A.: »Meditation and the EEG«, in: *Psychological Medicine.* Mai 1980, Band 10, Heft 2, S. 369–375.

West, Michael A. (Hrsg.): *The psychology of meditation.* New York 1987.

Williams, John C./Zylowska, Lidia: »Mindfulness Bibliography« (Version of June 2009), at: Mindful Awareness Research Center,

UCLA (University of California, Los Angeles) Semel Institute. URL: http://marc.ucla.edu/body.cfm?id=38&oTopID=38 (Abgerufen: 4. April 2010)

Zeidler, Willi: *Achtsamkeit und ihr Einfluss auf die Emotionsverarbeitung: Eine experimentelle Untersuchung der Wirkmechanismen.* Diplomarbeit, Technische Universität Berlin 2007.

Zeuch, Andreas: *Feel it! So viel Intuition verträgt Ihr Unternehmen.* Weinheim 2010.

Zylowska Lidia, Smalley, Susan L./Schwartz, Jeffrey: »Mindful awareness and ADHD«, in: Didonna, Fabrizio (Hg.): *Clinical Handbook of Mindfulness* (S. 319–338). New York 2009.

WEBSITE ZUM BUCH

Ergänzend zu diesem Buch wurde eine Website eingerichtet, die zusätzliche Informationen für Sie bereitstellt. Dort finden Sie ergänzende Hinweise zu jedem Kapitel, und im Literaturverzeichnis sind alle Quellenangaben verlinkt. Im Fall von wissenschaftlichen Artikeln führen Sie die Hyperlinks zu (englischen) Zusammenfassungen in einer frei zugänglichen Datenbank. Bei Büchern führen sie zu einer Bezugsquelle, wo Sie auch Leserkritiken finden.

Des Weiteren finden Sie auf der Website zum Buch Manuskripte von Artikeln, Buchbeiträgen und Vorträgen des Autors, die Sie kostenlos herunterladen können. Anhand dieser Texte können Sie einige Themen vertiefen, auf die im Buch aus Gründen der Lesbarkeit nicht im Detail eingegangen wurde. Außerdem existiert eine Sammlung von Links zu Interviews mit dem Autor, die teilweise online abgerufen werden können (Zeitungsartikel, Radiosendungen und Fernsehberichte).

Als Leser können Sie Feedback und Fragen zum Buch per E-Mail an den Autor senden. Die entsprechende E-Mail-Adresse finden ebenfalls auf der Website zum Buch: http://sites.google.com/site/meditationfuerskeptiker

Anna Trökes/Bettina Knothe

YOGA-GEHIRN

Wie und warum Yoga
auf unser Bewusstsein wirkt

320 Seiten
Hardcover mit Schutzumschlag
ISBN 978-3-426-29172-6

Wer Yoga praktiziert, kann sein Gehirn im wahrsten Sinne des Wortes »in Form« bringen. Diese sensationelle Erkenntnis wird in diesem Buch erstmals dokumentiert. Die bekannte Yoga-Lehrerin Anna Trökes untersucht zusammen mit der promovierten Naturwissenschaftlerin Bettina Knothe die aktuelle Hirn- und Bewusstseinsforschung und kommt zu erstaunlichen Parallelen zwischen der uralten Wissenschaft aus Indien und den neuesten Forschungsergebnissen. Yoga stärkt demnach nicht nur den Körper, sondern sendet auch heilsame Informationen, die sich tief in die Strukturen des Gehirns »einschreiben«.